suhrkamp taschenbuch 4948

Das Gärtnern gehört zu den ureigenen Beschäftigungen des Menschen. Die Sehnsucht, das Richtige zu tun, schwingt bei der Gartenarbeit als Motivation immer mit. Und jeder Gärtner entdeckt jedes Jahr wieder eine neue Welt – ganz gleich, ob er oder sie sich um die Erhaltung alter Gemüsesorten kümmert, zum Spezialisten für Wildkräuter wird, einen kleinen Permakulturgarten auf dem städtischen Balkon anlegt oder einen Selbstversorgergarten pflegt.

Doch warum gärtnert man überhaupt? Sollte man die Natur nicht besser einfach sich selbst überlassen, anstatt einzugreifen und einen weiteren künstlichen Raum zu schaffen? Oder lassen sich umgekehrt, etwa durch Urban Gardening, Räume in der Stadt für die Natur zurückgewinnen?

Zuletzt sind in der Reihe erschienen: *Die Philosophie des Radfahrens* (st 4743), *Die Philosophie des Kletterns* (st 4782) und *Die Philosophie des Laufens* (st 4844).

Blanka Stolz (Hg.)

Die Philosophie des GÄRTNERNS

SUHRKAMP

Erste Auflage 2019
suhrkamp taschenbuch 4948
© mairisch Verlag 2017
Lizenzausgabe des mairisch Verlags, Hamburg
Suhrkamp Taschenbuch Verlag
Alle Rechte vorbehalten, insbesondere das
der Übersetzung, des öffentlichen Vortrags sowie der Übertragung
durch Rundfunk und Fernsehen, auch einzelner Teile.
Kein Teil des Werkes darf in irgendeiner Form
(durch Fotografie, Mikrofilm oder andere Verfahren)
ohne schriftliche Genehmigung des Verlages reproduziert
oder unter Verwendung elektronischer Systeme
verarbeitet, vervielfältigt oder verbreitet werden.
Druck: CPI – Ebner & Spiegel, Ulm
Umschlag: Carolin Rauen
Printed in Germany
ISBN 978-3-518-46948-4

INHALT

Die Philosophie des
GÄRTNERNS

BLANKA STOLZ

BIN IM GARTEN

ANSTELLE EINES VORWORTS

»Denn der Garten ist eine Ordnung der ganzen Seele und nicht der halben, der tätigen und nicht der schlaffen, und kennt keinen ästhetischen Frömmler, es sei denn als den Spazierer, dem er nichts verargt: der Garten will den Gärtner.«[1]

Ich stehe im Garten des Bergbauernhofs *Munt la Reita* im Tessin.[2] Es ist zwar Mai, aber noch sehr kalt und winterlich. Der Garten ist mit Heu abgedeckt, die Zweige der Johannisbeerbüsche sind zusammengebunden, damit sie den Schnee überstehen, ohne zu brechen. Es gibt kaum Grünes, nur der Rhabarber hält sich wacker, ansonsten ist alles braun in braun. Ich denke: Niemals wird dieser Garten grün, bunt blühend und dicht bewachsen sein. Ich frage mich, woraus andere dieses Vertrauen in den Kreislauf der Natur ziehen. Was treibt einen philosophierenden Gärtner oder einen gärtnernden Philosophen an, jedes Jahr aufs Neue Spaten und Hacke in die Hand zu nehmen und mit der Gartenarbeit loszulegen?[3]

Auch die Autorinnen und Autoren des vorliegenden Bandes gehen von dieser Grundfrage des Gärtnerns aus. Sie betrachten dabei neben der philosophischen Dimension auch historische, soziologische, kulturelle und politische Aspekte des Gartens und des Gärtnerns.

Steht man in einem Nutzgarten, ist die erste, offensichtliche Antwort auf die Frage, warum all die Mühe und Arbeit: Selbstversorgung, die satt und glücklich macht. Die nächste Frage schließt sich direkt an: Was pflanzt man an und wie viel davon? Welches Saatgut und welche Sorten wählt man? Annette Holländer beschäftigt sich in ihrem Text *Alte Gemüsesorten anbauen, erhalten und vermehren* u. a. mit der Frage, welche Pflanzen wir kultivieren, welche Qualitäten sie mitbringen – Geschmack, Robustheit, Samenfestigkeit – und wie viel Freude es macht, Besonderheiten im eigenen Garten zu pflanzen und zu verzehren. Was gedeiht aber nun in einem Garten in den Bergen auf 1.400 Meter Höhe, und was braucht man vielleicht gar nicht erst anzupflanzen? Verena Senn, die gemeinsam mit ihrem Mann Markus seit dreißig Jahren den Garten auf Munt la Reita ökologisch bewirtschaftet, weiß, was sich lohnt und was nicht.

Mir dagegen fehlt noch das Vertrauen, dass Sonne, Wärme und Wasser die Pflanzen werden sprießen lassen. Gemeinsam stehen wir im Nebel und versuchen, den Garten, die zukünftigen Beete und Wege auf Papier zu zeichnen und einen Plan zu machen. Wir tun also das, was Gärtner schon immer getan haben, wir legen fest, was wir wohin pflanzen, und bestimmen die Grenze zwischen *wilder Natur* und *angelegtem Garten* durch Beete, die Wege dazwischen, Hecken und Büsche. Der menschliche Gestaltungswille ist es, der einen Garten ausmacht. Dieter Wandschneider geht in seinem Text *Zur Metaphysik des Gartens* auf den Spuren von Kant und Hegel noch einen Schritt weiter: Es sei die Spannung zwischen Natur und künstlerischer Gestaltung, die einen Garten von der Natur und kultivierten Naturformen wie Äckern, Wiesen und Wäldern unterscheidet, schreibt er. Ein Garten ist demnach also gestaltete Natur.

Dass ein Garten ein Zwischending zwischen menschengemachtem Artefakt und lebender Natursubstanz sei, dieser Ansicht ist auch Sarah Thelen in ihrem Beitrag *Die Blätter, die die Welt bedeuten*. Und doch mache der Garten letztendlich, was er will, so Thelen. Er verändert sich fortwährend, die Natur wächst aus sich heraus, ist unberechenbar, treibt Blüten – und der Gärtner muss seine Position dazu laufend neu bestimmen.

Ein weiterer Faktor, den der Gärtner nicht beeinflussen kann, ist das Wetter. Und es spielt nicht erst bei der Ernte eine Rolle, sondern bereits bei der Aussaat. Auf dem Hof bestimmen im Mai die Wettervorhersage und die Aussaattage, wie sie Maria Thun in ihrem Kalender festlegt, die Arbeiten im Garten.[4] Es fühlt sich so an, als würde es immer dann stark regnen, wenn gerade Aussaattag für Kartoffeln, Sellerie und Radieschen ist – nämlich Wurzeltag. Ich verbringe Stunden im trockenen Gewächshaus auf den Knien und jäte. Eine Woche später, der Regen macht eine Pause und es ist Wurzeltag: die ersten hundert Saatkartoffeln sind in der Erde versenkt, die ersten Zwiebeln gesteckt und zwei Reihen Rüben gesät. Die Kartoffeln bedecken wir mit Kompost und einer dicken Mulchschicht aus Ziegenmist und Heu. Die Erde ist durch die Heuschicht vor Wind und Sonne geschützt und trocknet nicht so stark aus, Unkraut und Schnecken werden ein Stück weit zurückgehalten. Bei jeder Schicht, die wir über die Pflanzen decken, hoffe ich, das Richtige zu tun.

Das Richtige tun. Die alte Sehnsucht, ein gutes Leben zu leben, die sich seit Aristoteles durch die Philosophiegeschichte zieht, schwingt bei der Frage, was einen zur Gartenarbeit motiviert, immer mit. Wird man ein besserer, tugendhafter Mensch, wenn man Land kultiviert, Pflanzen sät und pflegt, wenn man gärtnert? Im Garten auf Munt la Reita wird die gärtnerische Tugendhaftigkeit in diesem Mai auf eine harte Probe gestellt: Es fällt noch einmal Schnee. Die Sommerperiode – mit Temperaturen und einer Sonneneinstrahlung, die die Pflanzen in dieser Höhe wachsen lassen – ist kurz, kürzer als im Flachland, langes Zögern kann man sich nicht erlauben. Wir haben das Gefühl, dass uns die Zeit davonläuft, weil wir mit dem Anpflanzen nicht weitermachen können. Zum Glück bleibt es ein kurzes Intermezzo, der Schnee ist schnell wieder weg, wir bereiten die Reihen- und Hügelbeete vor und fangen an, die im Gewächshaus vorgezogenen Kohl-, Kohlrabi und Krautstielsetzlinge rauszupflanzen.

Ruhe und meditatives Handeln scheint die Arbeit im Garten zu vermitteln, eine Geisteshaltung, die Philosophen von Epikur bis Hume als Lebensziel beschreiben. Im Vergleich zur digitalen Welt, in der man sein Leben im Gehen online zusammenklickt, erfordert ein Garten körperliche Tätigkeit. Warum die Büromenschen einmal mehr ins Grüne flüchten und die Gärten in die Städte zurückkehren, liegt aber in mehr als in der mangelnden Bewegung begründet, die die heutigen Gärtner gar zu Sportlern macht.[5]

Blicken wir eine Generation zurück: Elke von Radziewsky berichtet in *Gärtnern am Puls der Natur* von Rob Leopold, der sich als erster *unabhängiger Gartenphilosoph* verstand und die Gartenbewegung der 1980er-Jahre in den Niederlanden mit einer praktischen Philosophie des Gärtnerns prägte. Ihm und seinen Mitstreitern, wahren Gartenindividualisten, ging es um die Natürlichkeit des Gartens. Sie begriffen den Garten als einen Ort, an dem der Mensch die Natur begreift und sie staunend und forschend begleitet.

Heute gibt es Obst und Gemüse in Bioqualität auf dem Markt oder in Supermärkten zu kaufen, der Eigenanbau ist unter Umständen nicht kostengünstiger. Das Gärtnern ist keine Notwendigkeit mehr. Und dennoch scheint das gemeinschaftliche Selbermachen, die Suche nach individuellen Formen und Flächen für die Arbeit mit der Natur – ob in der Stadt, im Umland oder auf dem Land – die Antriebskraft der nächsten Gärtnergeneration zu sein.[6] Deren Gärten sehen nicht mehr aus wie aus dem Baumarktprospekt, die Rasenflächen und Koniferen weichen Obstbäumen, selbst gezimmerten Hochbeeten und Wildhecken. In diesen Generationengärten, interkulturellen Gärten, Nachbarschafts- und Gemeinschaftsgärten, aber auch in den im urbanen Raum bewirtschafteten Brachflächen scheint durch das Gärtnern neben den Pflanzen noch etwas anderes zu wachsen: verloren geglaubte Gemeinschaft, Sinnhaftigkeit und Achtsamkeit. Auch wenn der urbane Garten vielleicht an manchen Orten zum zeitgeistkonformen *Projekt*, zum

Lifestyle-Objekt oder Geschäftsmodell wird oder schon geworden ist, so ist er in erster Linie doch auch ein Versuch der heutigen jungen Generation, das Verhältnis von Stadt und Natur oder von Gesellschaft und Natur neu zu denken und zu formen. Der Garten bleibt einmal mehr ein Sehnsuchtsort, ein Paradies.

Dass Gärten schon immer ein Spiegelbild des Verhältnisses der Gesellschaft zur Natur, des Gärtners zum Garten waren, zeigt Dagmar Pelger in *Gardening is commoning*. Ausgehend von der Almende, der Urform des Gemeinschaftsgartens, untersucht sie die Entwicklungsgeschichte des Gartens mit seinen sozialen, ökologischen und politischen Funktionen: Von den bäuerlichen Nutzgärten über fürstlich geprägte Landschaftsgärten und das Fremde zur Schau stellende botanische Gärten bis eben hin zu urbanen Gemeinschaftsgärten, in denen städtische Brachen wiederbelebt werden.

Anfang Juni freue ich mich über jedes grüne Pflänzchen im Garten. Langsam wird sichtbar, was mal Mohn, Malven, Calendula und Hornveilchen werden. Ich hoffe, dass das, was ich beim Jäten stehen lasse, später mal Echte Kamille sein wird. Nach ein paar Wochen stellt sich heraus, dass sich die Echte Kamille von ganz alleine am Rande des Kartoffelackers breitgemacht hat, ich aber *Geruchlose Kamille* großgezogen habe. Brunhilde Bross-Burkhardt denkt in ihrem *Plädoyer fürs Unkraut* über das Verhältnis des Gärtners zu den Pflanzen nach, die er nicht willentlich pflanzt. Unkraut – oder *Wild-* und *Beikräuter*, wie sie auch gerne genannt werden – kann der Gärtner entweder tolerieren, sie mit auf den Speiseplan nehmen oder er kann sie konventionell bekämpfen. Bross-Burkhardt plädiert in dieser Hinsicht für Toleranz im Garten. Es gibt keinen

Garten ohne jene Pflanzen, die einfach so von selbst immer wiederkommen. Und kann es nicht vielleicht auch sein, dass wir auch im Leben jenseits des Gartens zu offeneren und verständnisvolleren Menschen werden, wenn wir im Kleinen das Fremde akzeptieren? Auf die kleinen, oft übersehenen oder zu Unrecht vergessenen Pflanzen blickt Roberta Schneider in Ihrem Text *Lob des Unscheinbaren*. Warum sollte man beispielsweise Moos, so schön sanft und dunkelgrün, wie es ist, entfernen? Ist das zu viel Unordnung für die gärtnerische Seele? Dass Moos in anderen Kulturen, z. B. in japanischen Gärten, als ästhetisches Mittel eingesetzt wird, zeigt sie eindrücklich. Im Garten auf Munt la Reita wählen wir, was das Unkraut angeht, einen Mittelweg: Wir versuchen, den Pflanzen, die wir gesetzt haben, Luft zum Wachsen zu verschaffen, indem wir das Unkraut entfernen und größtenteils als Gründünger auf die Mulchschicht legen. Wir halten die Wege halbwegs frei und freuen uns über sich selbst verbreitende Akelei, Frauenmantel, Margeriten und Johanniskraut.[7]

Für das viele Jäten und die Vorbereitung der Beete sind in einem Garten dieser Größe helfende Hände gerne gesehen. Es sind viele, die im Garten mitarbeiten, die teilweise schon seit Jahren immer wieder auf den Hof kommen und den Garten gut kennen.[8] Jeder bringt sein eigenes Gartenwissen mit und pflanzt es ein. Miriam Paulsen berichtet in ihrem Text *Unter Gartenfreunden*, was sie alles von ihren Nachbarn in ihrem Schrebergarten gelernt hat und wie sich ihre Welt dadurch vergrößert.

Severin Halder lässt in seinem Text *Learning by digging – Was man beim Gärtnern in Gemeinschaft lernen kann* urbane Gärtner zu Wort kommen, die davon berichten, was die gemeinsame Tätigkeit im Garten auf vielen verschiedenen Ebenen vermitteln kann, wie man mit Gartenarbeit Wissen aufbaut und was man von Pflanzen lernen kann. Zum Jäten und Wurzelentfernen gehört schließlich auch das Wissen darum, was man entfernt und was man stehen lässt.

Auf Munt la Reita erklärt Verena gerade einer Gruppe junger Männer, wie gründlich man den *Bärenklau*, der im Garten wuchert, entfernen muss. Die Frauen schippen derweil Kompost. Nicole von Horst geht in ihrem Beitrag *Let it grow* der Frage nach, ob Gärtnern etwas typisch Weibliches oder Männliches ist. Gärtnern die Geschlechter unterschiedlich? Wirkt sich das soziale Geschlecht auf das Gärtnern aus? Alle werden von der Gartenarbeit schmutzig, die Nagelränder werden tiefschwarz und man schwitzt. Es ist nicht nur körperliche Ausdauer, die man im Garten braucht, sondern auch mentale. Nicht jeder hält es lange aus, alleine mit sich und seinen Gedanken in gebückter Haltung in der Erde zu wühlen. Bei den meisten stellt sich schnell Langeweile ein. Wir fangen an, das Unkraut als Gegner mit verschiedenen Schwierigkeitsleveln zu sortieren, und erfinden als Challenge für das Endlevel: die Unkrautpflanze im Ganzen bis zur kleinsten Wurzel rausziehen. »Und wie macht man das?« – »Mit viel Gefühl oder roher Gewalt«, ist meine Antwort.

Der Garten auf Munt la Reita ist nach Prinzipien der Permakultur angelegt. Judith Henning beschreibt in ihrem Text *Urbane Permakultur – Stadtgärtnern mit Hintergedanken*, was Permakultur ausmacht und wie man sie in der Stadt – auch in kleinem Rahmen – umsetzen kann. Die ethischen Grundgedanken zur naturnahen Bewirtschaftung von Flächen, die Henning in ihrem Aufsatz skizziert, treffen auf städtische

Permakulturprojekte genauso zu wie auf solche auf dem Land: achtsamer Umgang mit Ressourcen, Menschen und Tieren, langfristige Regenerationszyklen, Selbstbegrenzung und Rückverteilung, nicht Monokultur, sondern Vielfalt, die eine essbare Landschaft hervorbringt. Die Unterschiede zwischen Permakultur in der Stadt und auf dem Land lassen sich dabei an praktischen Gegebenheiten ablesen: zum Beispiel an der Frage, ob fruchtbarer, nicht kontaminierter Boden da ist, was auf dem Land meist von Natur aus der Fall ist, aber auch an freien Flächen zum Anbauen und großen Kompostvorräten. Das sind die Voraussetzungen, die Stadtgärtner, wie Henning schreibt, oft erst einmal schaffen müssen. Was es dem Permakulturgarten dagegen in der Höhe der Berge schwer macht, sind die fehlende Wachstumszeit, die niedrigen Durchschnittstemperaturen und die kurze Erntesaison. Trotzdem wächst auf 1.400 Metern mehr, als man erwarten würde.[9]

Gepflanzt wird hier nach den Prinzipien eines Mischkulturgartens. Krautstiel steht im Wechsel mit Lauch und Rotkohl, der Fenchel neben den Randen.[10] Wir versuchen, die vorhandene Fläche gut zu nutzen, durch das Anpflanzen im Wechsel haben es Unkräuter, Krankheiten und Schädlinge schwerer, sich zu verbreiten. Entscheidend ist dabei allerdings, dass die gemischten Pflanzen zueinander passen. So richtig genau nehmen wir es aber auch nicht, und trotz aller Bemühungen gerät uns der Kopfsalat hier und dort neben den Sellerie. Laut unseren Tabellen vertragen die sich eigentlich nicht. Und in der Tat wird sich zur Erntezeit herausstellen, dass der Kopfsalat neben dem Sellerie wenig Chancen hatte.

Wir dagegen kämpfen unseren ganz eigenen Kampf, und zwar mit den Hühnern. Der Garten und das Gewächshaus sind ihr Winterquartier. Sie scharren und picken die Schnecken aus dem Boden und bescheren uns im Frühjahr im Gewächshaus fast schneckenfreie Kopfsalate. Doch wenn es darum geht, sie auf ihre Sommerwiesen umzuziehen und sie dann noch dazu zu bewegen, auch dort zu bleiben, bringen sie uns an unsere Grenzen. Hohe Zäune und der Versuch, die Abflugpisten der Hühner vom Dach des Hühnerhauses zu sabotieren, sind das Ergebnis. Am Ende fangen wir die Hühner auf Freigang jeden Tag ein und decken die von ihnen aufgescharrte, offene Erde wieder ab. Die frischen Salatpflänzchen werden ein Opfer der Hühner, nicht der Schnecken.

Der Sommer kommt Ende Juni, die Heuernte beginnt. Der Garten wird zusehends grüner und die Pflanzen wachsen. Die ersten Beete müssen nachgejätet werden. Eines Morgens kann ich durch einen Johannisbeerbusch durchschauen. Das konnte ich tags zuvor noch nicht. Die Raupen des Kohlweißlings fressen gnadenlos alle Blätter der Roten Johannisbeere auf. Sie stoppen erst an den Schwarzen Johannisbeeren, die mögen sie nicht. So unaufhaltsam, wie sich die Raupen durch die Büsche fressen, so stoisch sammeln wir jeden Tag die Raupen von den Blättern ab und besprühen die verbleibenden Pflanzen mit einem stark duftenden Aufguss aus Wermut und Anis. Ich lerne, dass Stoizismus eine der größten gärtnerischen Tugenden ist: nicht aufgeben, weiter sammeln.

Es wird wärmer und trockener. Wir gießen mehr und mehr. Meist per Hand am frühen Morgen mit Wasser, das in alten Badewannen gesammelt wird. Mitunter sind vier Personen eine Stunde lang mit Gießen beschäftigt. Ich wiederhole tagtäglich die Leitsätze, die ich Gelegenheits- und Nachwuchsgießern mitgebe: »Immer die Erde wässern, nicht die Pflanze. Die

Goldmelisse mag den festen Strahl am Boden. Die Kartoffeln brauchen nichts.« Die Ecken im Garten, die mit Sprenger und Rieselschläuchen automatisiert bewässert werden, gedeihen besser, die Pflanzen wachsen schneller und sind größer. Obwohl das nicht die Kategorien sind, in denen dieser Garten angelegt ist, werden im Sommer große Teile des Gartens auf automatisierte Bewässerung in den frühen Morgenstunden umgestellt. Einmal mehr kommt der Faktor Zeit zum Tragen. Wenn vier Personen nicht gießen müssen, können sie etwas anderes tun. Wie viele Menschen benötigt man, um solch einen großen Garten zu bewirtschaften? Kann ein Garten effizient gepflegt werden, ohne ein professioneller Gemüseanbaubetrieb zu sein? Was bedeutet *Effizienz* in einem ökologischen Garten?

Der Garten wächst und gedeiht unter der Sommersonne. Am 4. Juli öffnet sich die erste Calendulablüte, wir ernten Pflücksalat Misticanza und wunderschön rot gesprenkelten Forellensalat. Zwei Schalen Erdbeeren sind uns im Juli gegönnt. Mehr nicht, es ist kein Erdbeerjahr. Mohn in der Steinmauer, Margeriten, Malven und Sonnenblumen machen den Garten bunt. Ich stehe mittendrin und diskutiere die Frage, wie viel Garten man braucht, um sich selbst, eine Familie, ein ganzes Team zu versorgen und auch noch etwas im Hofladen zu verkaufen? Wann reicht es nicht, was ist genug und wann ist es zu viel?

Besucher, die in unseren Hofladen kommen, fragen mich mit Blick auf den Garten: »Wie düngt ihr, was macht ihr gegen die Schnecken? Sitzen die bei euch nicht unter der Mulchschicht?« Ich erzähle von den Hühnern und davon, dass die Erde im Tessin, auf der Südseite der Alpen, anders ist als auf der Nordseite und dass wir sehr dick mit Heu mulchen. Im

Frühsommer haben wir die Kohlpflanzen mit Kompost gedüngt, aber dieses Jahr die Pflanzen noch nicht mal mit Brennnesseljauche gegossen.

Mitte August, es ist heiß. Man kommt im Garten auf den Wegen kaum noch durch, weil sich die Pflanzen ausbreiten. Jetzt ist der Garten so, wie ich ihn mir im Mai nicht habe vorstellen können. Wir sammeln Calendula-, Kornblumen-, Hornveilchen-, Goldmelisse- und Malvenblüten für Tee und Kräuter für die Küche und trocknen diese im Trockenhaus, der Schatzkammer des Gartens. Die Zeit der Johannisbeere beginnt, trotz des Kahlfraßes im Juni. Fast jeden Tag verarbeitet eine gute Seele einen großen Topf Johannisbeeren zu Konfitüre, Gelee und Sirup. Schnittlauchknospen legen wir in Essig ein, Krautstiel, Kohlrabi, Bohnen und Zucchini frieren wir zum Teil ein – auch wenn es direkt aus dem Garten in die Pfanne immer am besten schmeckt. Die Rüben und der Fenchel sind schneller aufgegessen als gedacht, die Zwiebeln lagern wir trocken im Heizungsraum. Die Kohlköpfe und der Wirsing sind so groß und schön wie der Mond. Wir hängen sie an Schnüren im Keller auf und hoffen, dass sie sich gut halten. Der Freude, in diesen reichen Garten zu gehen und sich zu nehmen, was man braucht, steht das Gefühl gegenüber, dass der Garten uns zu diesem Zeitpunkt auffrisst und nicht wir ihn. Der Garten fordert einen täglich heraus. Schaut man heute nicht hin, weiß man, dass man morgen das Doppelte zu tun haben wird. Das sind sie wieder, die Freuden und Mühen des Gärtnerns.

Niemals hätte ich gedacht, dass die Kartoffeln, die ich im Mai gepflanzt habe, etwas werden würden. Im September holen wir die Ernte aus der Erde: kistenweise große und kleine Knollen. Für den Winter wird es reichen. Spitz- und Federkohl, Lauch und Rotkohl lassen wir noch stehen. Nachts hören wir die Hirsche im Wald röhren, es ist Brunftzeit. Hirsche mögen Kohl. Neben einer abwehrenden Wildhecke sollen in der Nacht blinkende Lichter am Zaun die Hirsche verschrecken, damit sie nicht den Garten auffressen. Schnecken und Hühner erscheinen harmlos dagegen.

Und wo wir schon von Zäunen sprechen. Maximilian Probst macht mit uns in seinem Text *Zum grünen Daumen gehört die Faust* eine kleine Reise durch die Kulturgeschichte und fragt sich, ob die Umzäunung des Gartens nicht eigentlich den Beginn des Privateigentums markiert. Was eine ganze Reihe von Problemen wie Neid und Missgunst mit sich bringt und damit im übertragenen Sinne bis heute Grundlage für das Konzept von Eigentum und Besitz ist. Gärten können jedenfalls Segen und Plage und heillos ambivalent zugleich sein. Eine Erkenntnis, die ich teile.

Es ist noch einmal warm genug, um im Garten zu sitzen. Mittendrin, auf frisch gejäteten und gemulchten Wegen. Der Garten ist hier kein Ort zum Verweilen mit Bänken oder einer Laube, wie man es aus Landschafts- oder Schrebergärten kennt. Das sind Gärten oder Gartenanlagen, in die uns Kristina Vagt in ihrem Text *Motor Gartenschau. Die Inszenierung des urbanen Grüns* mitnimmt. In Gartenbauaustellungen, Gartenschauen und Landschaftsgärten stehen in Städten und Metropolregionen Erholung, Wissensvermittlung sowie Sport-, Spiel- und Freizeitaktivitäten im Grünen im Vordergrund. Es sind die Besucher, die sich am Grün erfreuen und durch ihre Aktivitäten die öffentlichen Parks und Gärten mit Leben füllen. Der Garten, in dem ich stehe, ist dagegen ein Ort, der Arbeit schafft: pflanzen, jäten, gießen, der eben aber auch mit der Lebendigkeit, den Farben und dem Duft des Sommers und einer reichen Ernte für diese Arbeit belohnt.

In seiner Beziehung zum Garten, um noch einmal auf Sarah Thelen zurückzukommen, drückt der Gärtner auch sein Verhältnis zur Welt aus. Thelen zeichnet das Bild des Gärtners als *umsichtigen Verwalter*, der im besten Fall mit der Welt im Ganzen so wohlwollend und vorausplanend umgeht wie mit seinem Garten. Das wäre also eine Philosophie des Gärtnerns, in der der Gärtner seine kleinen Erkenntnisse aus dem Garten auch auf andere Lebensbereiche überträgt und in die Welt mitnimmt. So wird – frei nach dem französischen Landschaftsarchitekt Gilles Clément – jeder verantwortlich lebende Mensch zum Gärtner und alle Menschen werden so »Bewohner eines einzigen Gartens. Ob man in der Stadt oder auf dem Land lebt, es handelt sich immer um ein und denselben Garten: den Erdball.«[11] Dieser *wohlwollende Gärtner*, der im Kleinen auch das Große richtig macht, mag ein nicht erreichbares Idealbild sein. Gerade deshalb haben jeder Garten und jeder Gärtner seine Berechtigung. Die Texte des vorliegenden Bandes zeigen aus verschiedenen Blickwinkeln eine Vielzahl von Gärten und Gedanken zum Gärtnern. Im Sinne einer *praktischen Philosophie des Gärtnerns* geht man aber am besten einfach los, nämlich in den Garten, und tut etwas.

Im ersten Schnee im Oktober schneiden wir die Johannisbeersträucher und binden sie zusammen. Der Winter kann kommen. Die Hühner ziehen von ihrer Sommerwiese in den Garten. Sie picken und scharren und bescheren uns hoffentlich für das nächste Jahr wieder möglichst schnecken-freie Kopfsalate. Die Tomaten sind nicht rot geworden. Die Zeit und die Sonne haben nicht gereicht. Immerhin: Aus grünen Tomaten lässt sich ein gutes Chutney machen.

BLANKA STOLZ

Blanka Stolz ist Mitgründerin des mairisch Verlags und hat während zweier Sommer auf dem Schweizer Bergbauernhof *Munt la Reita* viel Zeit im Garten verbracht. Sie dankt allen Autorinnen und Autoren für ihr Engagement und ihre Texte, Peter Reichenbach für die Initiative, das Buch zu machen, und den Antrieb hinter dem Projekt, Daniel Beskos und Hannah Zirkler für das sorgfältige Lesen der Texte und Elke von Radziewsky für die anregenden Telefongespräche.

ENDNOTEN

1   Rudolf Borchardt, »Der leidenschaftliche Gärtner«, Christian Welzbacher, Judith Schalansky (Hg.), Matthes & Seitz, Berlin 2016.

2   Der Biobergbauernhof von Familie Senn – Munt la Reita – liegt im Valle di Campo, ein Nebental des Maggiatals im Tessin in der Schweiz, etwa eine Autostunde von Locarno entfernt: www.muntlareita.ch

3   Jede Autorin und jeder Autor hat in ihrem bzw. seinem Text entschieden, wie sie bzw. er mit der sprachlichen Gleichstellung von Gärtnerinnen und Gärtnern umgeht. Ist hier die Rede vom Gärtner, so ist die Gärtnerin gleichwertig mitgemeint.

4   Maria Thun, »Aussaatkalender«, Thun-Verlag, Biedenkopf. Erscheint jährlich seit 1963. Thun beobachtete bei mehrjährigen Versuchen in den 1950er-Jahren einen Zusammenhang zwischen dem Stand des Mondes im Tierkreis und dem Wachstum von Pflanzen abhängig vom

Aussaatzeitpunkt. Hieraus leitet sie verschiedene Wachstumstypen bei Pflanzen ab. So gibt es gemäß dem Aussaatkalender Tage, die die Aussaat von Wurzel- (Kartoffel, Sellerie, Radieschen, Rüben usw.), Blatt- (Kohlrabi, Lauch, Petersilie, Salat, Spinat usw.), Blüten- (Blumen, Blumenzwiebeln, Brokkoli usw.) und Fruchtpflanzen (Beeren, Nüsse, Früchte, Bohnen, Paprika, Tomaten, Gurken usw.) begünstigen.

5 *Nicht nur einschlägige Sport- und Fitnesszeitschriften proklamieren Gartensport als Fitnessprogramm: Stretching, Kraft- und Ausdauertraining im Garten. Auch die Vielzahl an Publikationen zum Thema Garten-Yoga sprechen eine ähnliche Sprache.*

6 *Hierzu ausführlich: Cordula Kropp, »Gärtner(n) ohne Grenzen: Eine neue Politik des »Sowohl-als-auch« urbaner Gärten? In: Christa Müller (Hg.), »Urban Gardening. Über die Rückkehr der Gärten in die Stadt«, Oekom, München 2011, S. 76–87.*

7 *»Unkraut vergeht nicht«, haben wir auch gedacht, als wir dem mairisch Verlag 1999 seinen Namen gegeben haben. In der hessischen Heimat des mairisch Verlags und seiner Gründer wird die Vogelmiere Mairisch genannt. Der Legende nach hat eine Großmutter eines Mitgründers gefragt, ob wir statt irgendwas mit Büchern nicht etwas Sinnvolles tun könnten. Nämlich Mairisch rausrupfen. Die Vogelmiere ist eine bodenbedeckende Pflanze, die in fast jedem Garten vorkommt. Ich habe es auf Munt la Reita haufenweise entfernt und gerne den Salat zum Mittagessen damit garniert.*

8 *Wenn ich von einem »Wir« in dem Text spreche, meine ich die vielen Menschen, die in dem Garten arbeiten und mithelfen. Das sind neben der Familie unter anderem Philippe, Susanna, Valentina, Mira, Jonas, Kaya, Monika, Coni, Annina, Teuni und noch viele mehr.*

9 *Ein weiteres, gut dokumentiertes Permakultur-Projekt, das seit vielen Jahren in der Höhe umgesetzt wird, ist der Krameterhof von Sepp Holzer im Salzburger Land: www.krameterhof.at*

10 *Wir verwenden u. a. die folgende Mischkultur-Tabelle: Kurt Forster, »Mein Selbstversorger-Garten am Stadtrand: Permakultur auf kleiner Fläche«, ökobuch, Staufen i. Br. 2013. Auch empfehlenswert: Jutta Langheineken, Christa Weinrich, »Schwester Christas Mischkultur: Im Einklang mit der Natur gärtnern«, Eugen Ulmer, Fulda 2016.*

11 *Gabriele Detterer, »Die Erde als Garten«, NZZ, Zürich 2011, www.nzz. ch/die-erde-als-garten-1.10402904*

SARAH THELEN

DIE BLÄTTER, DIE DIE WELT BEDEUTEN

WIE WIR IM GARTEN UNSERE BEZIEHUNG ZUR WELT AUSDRÜCKEN

Der Garten ist etwas Menschengemachtes, darüber besteht kein Zweifel. Doch er hat etwas an sich, das andere Produkte der Kultur nicht haben: Er ist ein Zwischending zwischen menschengemachtem Artefakt und lebender Natursubstanz.

Diese lebende Substanz folgt aus sich selbst heraus natürlichen und oft unberechenbaren Entwicklungen – man könnte sagen, sie macht, was sie will. Pflanzen schießen in die Höhe, vermehren sich, wachsen womöglich in unvorhergesehene Formen. Oft gedeihen sie auch nicht an den Orten, für die der Gärtner sie vorgesehen hat, und stattdessen siedeln sich Pflanzen an, die nicht geplant waren. Die jahreszeitlichen Veränderungen und die kommenden und gehenden tierischen Besucher müssen gar nicht erst erwähnt werden. So verändert ein Garten sich fortwährend weg von dem Artefakt, das er zu Beginn einmal war, und der Gärtner muss auf irgendeine Weise zu dieser Veränderung Position beziehen – so oder so. So kommt es, dass Gärten eine Sonderstellung unter den menschengemachten Dingen haben: An ihnen lässt sich ablesen, welches Verhältnis der Mensch zu seiner Umwelt hat. Dabei geht es nicht nur um seinen direkten Umgang mit den natürlichen Dingen, aus denen der Garten gemacht ist, um seinen Umgang mit den Einflüssen von Wetter und Klima und um das Wechselspiel mit denen, die den Garten sehen oder nutzen. Nein, es geht um sein Verhältnis zur Umwelt in einem viel weiteren Sinne: um sein Verhältnis zur gesamten restlichen Welt.

Schauen wir uns erst einmal das Verhältnis des Gärtners zu seiner direkten Umgebung an. Gehen wir von dem Fall aus, dass ein Garten in einer bestimmten Art geplant worden ist und nun genauso erhalten bleiben soll. Das gilt z. B. für formalmoderne Designergärten, aber auch für den Cottage Garden bzw. das klassische englische Staudenbeet, in dem bestimmte Blütenkompositionen und Pflanzenarrangements vorgesehen sind.[1] Gehen wir außerdem davon aus, dass für dieses

Design einige Pflanzen gewählt wurden, die mit dem Boden, den klimatischen Umständen oder ihren Nachbarpflanzen nicht optimal zurechtkommen (was ebenfalls vorkommt – oft werden die Pflanzen in Designergärten hauptsächlich nach ästhetischen Gesichtspunkten gewählt, auch wenn ihre Bedürfnisse nicht zum Standort passen). Soll ein Garten, auf den diese beiden Fälle zutreffen, genauso bleiben, wie er ist, müsste er akribisch gepflegt werden, oder das Design wäre im Eimer. Streng genommen ist eine Veränderung sogar gar nicht aufzuhalten, denn selbst wenn ein Gärtner den natürlichen Entwicklungen ständig gegensteuert, z. B. durch Beschneiden der Gehölze, Reduzieren von zu starkwüchsigen und Nachpflanzen von eingegangenen Gewächsen, verändert sich der Garten doch. In diesem Beispiel hätten wir einen Gärtner, dessen Verhältnis zur direkten Umgebung sich dadurch auszeichnet, dass er versucht, seinen Willen in einer ständigen energieraubenden Arbeit gegen die natürlichen Gegebenheiten von Klima, Boden und Pflanzen zu erzwingen. Der Wille zum Bezwingen der Umwelt äußert sich in der Gartenarbeit genauso wie eine Feinfühligkeit für und ein vorteilbringendes Eingehen auf die Umgebung. Hier wird schon spürbar, dass der Garten auch in einem allgemeineren Sinne ein »Spiegel der Beziehung zwischen Mensch und Umgebung« ist, wie es der Landschaftsarchitekt George B. Tobey ausdrückt.[2] Auf welche Weise der Mensch seinen formenden Einfluss ausübt und dabei abwägt, wie und in welchem Maße er die Geschehnisse in seiner Umgebung steuert, unterstützt, bremst, ungehindert lässt oder versucht, mit ihnen Synergie-Effekte zu erzielen, zeigt sich im Umgang mit dem Garten quasi stellvertretend für andere Lebensbereiche.

Seinen eigenen Willen kompromisslos und gegen alle Widerstände durchsetzen zu wollen, führt fast nie zum Erfolg. Die meisten werden das schon in sehr jungen Jahren gelernt haben. Das gilt natürlich auch für den Garten mit seiner lebenden Pflanzensubstanz, die eigenen Regeln gehorcht. Dass ein kluges Eingehen auf die Umgebungsumstände also vernünftiger, effizienter und erfolgversprechender sein muss, ist aber nicht der einzige Grund, der dafür spricht, sich um ein positives und kooperatives Verhältnis zum Garten und, darüber hinaus, zur ganzen Welt zu bemühen. Der zweite Grund liegt darin, dass es unserer menschlichen Natur entspricht. Wenn unsere Pflege bewirkt, dass unser Garten prächtig und gesund wächst und blüht, freuen wir uns. Harmonieren wir mit der Umgebung, sind wir zufriedener und glücklicher, als wenn wir es nicht tun. Die Philosophie bietet hier einige erklärende Ansätze.

Dafür müssen wir bei der Sinnfrage beginnen, die uns dann zu Güte und Wohlwollen weiterführt. Das Bedürfnis eines jeden Menschen (der nicht akut ums tägliche Überleben kämpfen muss) ist es, dem eigenen Dasein einen Sinn zu verleihen. Dieser Gedanke findet sich vor allem bei den Philosophen des Existentialismus und seiner Vordenker: Nietzsche sagt, dass sich das Individuum eine Welt aus Vorstellungen und Symbolen erschafft, um sich selbst einen Sinn zu geben.[3] Heidegger formuliert, dass die Angst vor der Sinnlosigkeit des Lebens nur dadurch überwunden werden könne, indem man sich Umstände schaffe, die die fehlende Bedeutung liefern (das Sein als Entwurf)[4]; und Sartre spricht von der unumgänglichen Freiheit der sinnhaften Selbstschöpfung – also von einer Sinnsuche, an der wir nicht vorbeikommen.[5] Dieser individuelle

Sinn wird häufig darin empfunden, nicht rein ichbezogen in kleinlichen Ängsten und Eifersüchten zu existieren, sondern sein Leben dem Wohl von etwas zu widmen, das außerhalb des eigenen Selbst liegt. Ob dieses Bedürfnis dem sozialen Charakter des menschlichen Wesens und einem damit verbundenen Altruismus entspringt oder auch bloß in einem Anerkennungsbedürfnis gründet, sei dahingestellt. Rousseau beispielsweise spricht in diesem Zusammenhang vom natürlichen menschlichen Mitgefühl.[6] Der Ethikprofessor Peter Singer führt psychologische Studien an, laut denen Menschen, die das Wohl anderer im Sinn haben, in aller Regel zufriedener sind als solche, die sich nur um sich selbst kümmern.[7]

Die Philosophin Iris Murdoch beschreibt, dass Güte mit dem Versuch einhergeht, das Nicht-Selbst zu sehen, also sich dem Anderen zuzuwenden.[8] Dieses sinnerfüllende Wohlwollen muss nicht andere Menschen zum Objekt haben, sondern kann sich, wie die verbreitete Sympathie für Tierschutz- und Naturschutzorganisationen zeigt, auch auf andere Bereiche konzentrieren. Sogar ein emotionales Engagement für den Denkmalschutz kann ein vom Ich gelöstes und damit Lebenssinn generierendes Wohlwollen beinhalten. Wirft man einen Blick auf das Spektrum der Veröffentlichungen zum Thema des sinnerfüllten Lebens, entdeckt man Folgendes: Bezahlen wir jemand anderen dafür, dass er an unserer Stelle altruistische Handlungen vornimmt (z. B. in Form einer jährlich überwiesenen Summe an eine Hilfsorganisation), scheint uns das weitaus weniger zufrieden zu machen, als wenn wir unserem Wohlwollen tatsächlich selber Ausdruck verleihen – möglichst sogar im eigenen Lebensumfeld. Der Begriff des Wohlwollens ist hier besonders nützlich, weil er nicht etwa ein aufopferungsvolles Handeln oder ein konkretes Tun zur Unterstützung Hilfsbedürftiger impliziert. Mit Wohlwollen ist vielmehr die harmonische Beziehung zur Umgebung gemeint, das Gutes-Wollen für alle und alles, mit denen/dem man in Berührung kommt. Natürlich ergibt sich aus solch einem Gutes-Wollen für alle, dass sich Konflikte zwischen dem Guten für den einen und dem Guten für den anderen auftun. Ging es vorhin auch um den altruistischen Hang im Menschen, so bewegen wir uns nun auf dem Gebiet der Ethik. Eine Handhabung solcher Interessenkonflikte lässt sich durch eine Entlehnung aus der Moralphilosophie Kants ableiten: Eine seiner Formulierungen des kategorischen Imperativs lautet, jeder solle so handeln, dass er die Menschheit als Zweck, niemals bloß als Mittel gebraucht.[9] Löst man den Blick von der Menschheit und weitet ihn auf alles Belebte, bedeutet das im Kontext des Gartens, dass eine rein zweckorientierte Herangehensweise nie die alleinige Entscheidungsbasis sein darf, sondern dass Tiere und Pflanzen, auch wenn sie nicht in erster Linie einen Nutzen erfüllen, als Selbstzweck betrachtet werden sollen. Alle Entscheidungen zwischen dem Wohl des einen und dem Wohl des anderen sollten also unter der Prämisse gefällt werden, (allgemein ausgedrückt) möglichst wenig Schaden anzurichten – ganz gleich, ob diese Entscheidung einen direkten Nutzen bringt oder nicht.

Hat man es einmal geschafft, ein gutes Verhältnis zu seinem Garten zu entwickeln, dann hat man gute Chancen, ein ebenso wohlwollendes und auf kluge Weise kooperatives Verhältnis zum Rest der Welt zu entwickeln. Oder Letzteres ist schon da und wird im Garten besonders sichtbar. Der französische Landschaftsarchitekt Gilles Clément beschreibt sogar die Erde im Gesamten als Garten, wobei er sich an die Ausstellung *Le Jardin Planétaire* im Paris der 1990er-Jahre bezieht:

> »Die Erde als für das Leben reserviertes Territorium ist ein geschlossener Raum. [...] Kaum ausgesprochen, verweist diese Feststellung jedes menschliche Wesen – als Passagier auf der Erde – auf die eigenen Verantwortlichkeiten [...], und sieh da, wir haben einen Gärtner in ihm!«[10]

Solch ein der Welt entgegengebrachtes Wohlwollen könnte sich im Garten z. B. so manifestieren: Er würde Platz für alle gedachten Benutzer des Gartens bieten – Spielbereiche für Kinder, Sitz- oder Liegebereiche für Erholungssuchende, Wege durch anregend gestaltete Grünbereiche für Spaziergänger oder Nachdenkende, eben je nach Art des Gartens und gedachter Nutzerschaft.

Doch endet das Wohlwollen hier nicht, es würde sich auf alle einbezogenen Teilhaber erstrecken: Nicht nur Menschen, sondern auch Pflanzen und Wildtiere würden sozusagen als Gartenbenutzer mitgedacht. Ihnen würde – frei nach Kants kategorischem Imperativ – jeweils so viel Freiraum gegeben, dass sie nebeneinander bestehen können, ohne gegenseitig untereinander zu leiden. Mit dem Garten würde ein Raum des Gleichgewichts geschaffen, ein befriedeter Raum, in dem der Kampf ums Überleben bzw. der Kampf um den Vorteil so weit wie möglich ausgeschaltet ist. Eine gute Planung beim Anlegen eines Gartens hilft dabei, einen solchen Kampf von vornherein möglichst wenig aufkommen zu lassen. Ein kluger und umsichtiger Gärtner wählt die Standorte für Pflanzen, die Pflanzen selbst sowie die Verhältnisse der Gartenbereiche zueinander so aus, dass alles Angepflanzte gedeihen kann und nicht von vornherein durch Klima, Boden- und Lichtbedingungen, ungeeignete Nachbarpflanzen etc. in seiner Entfaltung gehemmt ist und kränkelt.

Dieses vorausschauende Handeln zum Wohl der Pflanzen wirkt sich gleichzeitig zum Wohl des Gärtners aus, denn unbeeinträchtigte Gewächse sind resistenter gegen Schädlinge und Krankheiten, erfordern weniger Pflege, erfüllen ihren Zweck besser (z. B. Dekoration, Fruchtertrag, Schattenspende usw.) und müssen seltener ersetzt werden. Es versteht sich von selbst, dass ein privater Gartenbesitzer erst einmal durch Versuch, Irrtum und die Befragung der Nachbarn herausfinden muss, was in seiner Erde gut gedeiht und was nicht. Gemeint sind die Situationen, in denen der Gärtner sehr wohl wissen kann, was funktioniert und was nicht:

»Weiden gehören an Bäche und Tannen in den Wald, wer es anders haben will, wird das bereuen«, formuliert die Gartenautorin Eva Demski den Zusammenhang zwischen vorausschauender Planung und Wohl von Pflanzen und Gärtner.[11] Heute bemühen sich viele Gartenarchitekten und -designer, den klimatischen, Boden- und Lichtbedürfnissen der Pflanzen Rechnung zu tragen. Henk Gerritsen beispielsweise studierte Pflanzengemeinschaften der gemäßigten Klimagebiete an ihren Naturstandorten, um sie in seinen niederländischen *Priona Tuinen*[12] nachzubilden.[13] Sein gärtnerisches Gebot lautet:»Du sollst nicht klagen«, denn der gärtnerische Ehrgeiz sei den natürlichen Eigenschaften von Pflanzen und Tieren hintanzustellen.

Um im Garten ein Gleichgewicht beizubehalten, greift der Gärtner ein und bremst bzw. entfernt gleichgewichtsstörende

Elemente. Das betrifft z. B. wuchernde Unkräuter, die ihrer Wuchskraft und Vermehrungsfreude wegen andere Kultur- oder Wildpflanzen bald verdrängen würden, oder Schadinsekten, die durch Befall von Frucht, Blüte oder Blatt das Bestehen einer Pflanzenart im Garten gefährden können. Entscheidend an einer solchen Politik des Gleichgewichts ist, dass nicht generell alle von selbst wachsenden Wildpflanzen oder wilden Ableger von Kulturpflanzen als auszurottend betrachtet werden, ebenso wenig wie alle Insekten, Schnecken usw., die nicht explizit nützlich sind, als zu vernichtende Schädlinge anzusehen sind. Störende und zerstörerische Elemente würden nicht geduldet, doch alles Übrige wäre willkommen und würde bestmöglich unterstützt, solange es die anderen lebenden Teile des Gartens nicht gefährdet. Würde der Gärtner z. B. Fledermäuse entdecken, würde er sie vielleicht durch einen Fledermauskasten oder andere Unterschlupfmöglichkeiten unterstützen. Für Falter und Bienen würde er, wenn sein Garten das hergibt, eine Wildblumenwiese oder ein Insektenhotel anlegen. Würden sich Akeleisamen vom Nachbarn in seine Blumenbeete verirren (sie säen sich gern wild aus), würde er sich da, wo sie nicht stören, über sie freuen, auch wenn er sich nicht selbst für sie entschieden hat.

Betrachtet man den Garten so, führt das dazu, dass der Gärtner bis auf nutzerisch bedingte Änderungsmaßnahmen nur noch regulierend einzugreifen braucht und das bestehende lebende Gefüge nicht ständig gegen die systemimmanente Veranlagung in andere Verläufe zwingen muss. Ein problematisches Verhältnis wie das letztere, in dem der Gärtner ständig massiv und formend gegen die natürliche Entwicklung der Pflanzen ankämpfen muss, steht dem Gedanken des Wohles für alle entgegen. Zu vermeiden ist eine solche konfliktgepräg-te gärtliche Situation zum einen durch die bereits beschriebe-ne vorausschauende Planung, die beispielsweise verhindert, dass ein großwüchsiger Baum in einem dafür zu kleinen Gar-ten steht und mit Aufwand gewaltsam kleingehalten werden muss.

Zum anderen ist die Einstellung des Gärtners maßgeblich. Seine Einstellung zum Garten als lebendem Gewebe legt den Grund für jenes Verhältnis, von dem alle Beteiligten profitie-ren – vor allem auch der Gärtner selbst, weil er sich dadurch Ar-beit erspart und positive Erlebnisse ermöglicht. Aus eigenem Erfahren sind mir Gartenbesitzer bekannt, die einen nackten Erdboden um ihre Beetpflanzen herum haben wollen und ständig daran arbeiten müssen, diesen Ausnahmezustand der Natur aufrechtzuerhalten. Andere stellen in einer einseitigen Geste des Schutzes Fallen für Eichhörnchen auf, weil sie um Vogelgelege bangen (obwohl Eichhörnchen diese eher selten fressen); wieder andere töten Frösche und Kröten, die auf Nahrungssuche oder Wanderung den Garten durchqueren, weil ihnen vor diesen Tieren ekelt und sie nächtliches Quaken befürchten. Ein solches Gärtnern, das die normalen Lebens-prozesse unterdrückt, den Garten als geglättetes Lifestyle-Produkt auffasst und ihn in geradezu absolutistischer Weise formt, lässt keine tiefergehenden Erlebnisse der Freude und Zufriedenheit mit dem Garten zu und ist dem allgemeinwohl-wollenden Gärtnern natürlich denkbar fern.

Jemand mit einer gesunden, wohlwollenden Einstellung zu seiner Umgebung bzw. zur restlichen Welt wird also auch in sei-nem Garten dieses Wohlwollen walten lassen und dadurch fast von selbst einen Garten im Gleichgewicht erschaffen. Dieses

Verhältnis könnte auch umgekehrt wirken: Wer sich einmal damit auseinandergesetzt hat, wie er auf vernünftige Weise einen Garten anlegt, kommt wahrscheinlich nicht darum herum, die gewonnenen Erkenntnisse auch auf andere Lebensbereiche anzuwenden – man erinnere sich an Clément, der in jedem verantwortlich lebenden Menschen einen Gärtner sieht.

Zusammengefasst und für Gärten aller Nutzungszwecke kann man sagen: Der bestmögliche Garten ist der, der eine Weltbeziehung ausdrückt, die das allgemeine Gute will und die Pflanzen, Tiere und Menschen in und um den Garten sowie nicht zuletzt die Person des Gärtners selbst umfasst. Will man die Wesensart des bestmöglichen Gärtners in Form einer Metapher ausdrücken, dann wäre dieser ein umsichtiger Verwalter, der in seinem (Garten-)Gebiet einen beständigen Frieden etabliert. Er baut zum allseitigen Vorteil eine Infrastruktur auf (Pflanzungen, Wege, Teiche etc.) und bemüht sich, die in seinem Einflussbereich lebenden Wesen nach Kräften zu unterstützen. Wo unvermeidliche Interessenkonflikte vorliegen, legt er sie zum geringstmöglichen Schaden der Beteiligten und des Ganzen bei. Es wäre zu wünschen, dass nicht nur jeder Gärtner, sondern jeder Mensch eine solche Beziehung zu seiner Umgebung entwickeln würde und zu seinem eigenen Vorteil und Wohlbefinden verantwortlich, wohlwollend und mit kluger Vorausplanung mit der Welt umgehen würde. Eine »Philosophie des Gärtnerns«, wie dieses Buch heißt, ließe sich auch in dieser Hinsicht verstehen – als Philosophie, die im begrenzten Bereich des Gartens Gestalt annehmen lässt, was auch für die Welt im Ganzen gelten soll.

SARAH THELEN

Dr. Sarah Thelen beschäftigte sich in ihrer Dissertation mit den kulturellen Funktionen des Gartens. Ihr eigener Garten liegt auf einem trockenen Kalkrücken mitten in Kassel, weshalb sie weiß, wie schwierig, aber auch wie lohnenswert die Gartenarbeit sein kann.

ENDNOTEN

1   *Hanno Rauterberg, »Das Glück ist grün«, in: »DIE ZEIT«, Hamburg, 24.05.2012, S. 44.*

2   *George B. Tobey »A history of landscape architecture. The relationship of people to environment«, Elsevier Publishing Company, New York et al. 1973, S. ix.*

3   *Friedrich W. Nietzsche, »Die fröhliche Wissenschaft«, Fritzsch, Leipzig 1887, S. 207.*

4   *Martin Heidegger, »Beiträge zur Philosophie (vom Ereignis)«, [1936–1938], Band 65 der Gesamtausgabe. Friedrich-Wilhelm von Herrmann (Hg.), »Martin Heidegger«, Vittorio Klostermann, Frankfurt a. M. 2003, S. 452.*

5   *Jean-Paul Sartre, »Das Sein und das Nichts. Versuch einer phänomenologischen Ontologie«, [1943], Rowohlt, Reinbek 1962, S. 21.*

6   *Jean-Jacques Rousseau, »Emil oder über die Erziehung«, [1762], Originaltitel: »Émile ou de l'éducation«, Schöningh, Paderborn 1971, S. 224.*

7   *Peter Singer im Interview mit Stefan Klein; Stefan Klein, »Ist Luxus unmoralisch? Ein Streitgespräch mit dem Moralphilosophen Peter Singer«, in: »ZEITmagazin«, Nr. 12, Hamburg 17.03.2011, S. 40.*

8   *vgl. Iris Murdoch, »The sovereignty of good«, [1970], Routledge, Oxford 2001.*

9   *Immanuel Kant, »Gesammelte Schriften«, Preußische Akademie der Wissenschaften (Hg.) Bd. 1–22, Deutsche Akademie der Wissenschaften zu Berlin (Hg.) Bd. 23, Akademie der Wissenschaften zu Göttingen (Hg.) ab Bd. 24. Nachdrucke der Ausgaben 1962 ff., De Gruyter, Berlin, New York, IV 462. (Die Angaben beziehen sich auf den Band und die Seite.)*

10   Gilles Clément in: Virgilio und Matteo Vercelloni, »Geschichte der Gartenkultur. Von der Antike bis heute«, WBG, Darmstadt 2010, S. 10.

11   Eva Demski, »Der Garten meiner Mutter«, in: Deutsche Gesellschaft für Gartenkunst und Landschaftskultur (Hg.), »Private Gartenkultur. Geschichte, Moden und Trends«, Callwey, München 2011, S. 9.

12   Deutsch: Priona-Gärten, eine Gartenanlage in Schuinesloot (NL), ehemals eine Stiftung.

13   Leo den Dulk, »Schachspiel, Schauspiel, Gartenkunst«, in: »Gartenkultur«, Mitteilungen der DGGL Hessen 2011, S. 18.

MIRIAM PAULSEN

UNTER GARTEN-FREUNDEN

»Is' ja wieder voll das Ding, gärtnern und so. Biste voll im Trend.«

»Hmm.«

»Kann man da eigentlich auch übernachten?«

»Ja, na ja, im Prinzip schon, aber eigentlich ist es nicht erlaubt, und ich wohn ja auch gleich um die Ecke.«

»Gibt es da auch so krasse Regeln?«

»Regeln gibt es schon, aber so krass sind die eigentlich nicht.«

Urban und *Guerrilla Gardening*, *Seed Bombs*, *Farmville*, Biokiste – irgendetwas mit Garten, Gemüse und Grünzeug kann man wieder machen, tönt es seit Jahren irgendwo in den Hochbeeten des Feuilletons, zwischen den Wurzelwindungen der

Lokalnachrichten und aus blühenden Blogbiotopen. Auf die rhetorische Klassikersmalltalkfrage »Wusstest du, dass die verkaufte Auflage der Zeitschrift *Landlust* höher als die des *Spiegel* ist? Und fast doppelt so hoch wie die der *Zeit*?«[1] kann gekontert werden: »Ach was. Und wusstest du, dass in Leipzig 278 Kleingartenanlagen mit über 39.000 Parzellen auf einer Fläche von ca. 1.240 Hektar einen bedeutenden Bestandteil, nämlich 30 Prozent, der grünen Lunge bilden?«[2] So viel zu den Zahlen.

Und nun?

Eine dieser 278 Kleingartenanlagen in der *Hauptstadt der Kleingärtner*, deren klangvolle Namen *Sommerwind, Hoffnung,* aber auch *Nach Feierabend, Froschburg* oder schlicht *Fiddelsack* den grünen Daumen schon zucken lassen, ist die *Kolonie Dr. Schreber*. Hier ist vom ausgerufenen Parzellenhype immer noch nicht allzu viel zu spüren. Klar kommen junge Beetanbeter dazu, die Gemeinde der Gartenfreunde besteht im Durchschnitt aber eher aus alten Sorten. Dazu gibt es jede Menge Zwerge, hier und da Solarleuchten am Wegesrand, zu Ostern bunte Eier aus Plastik an den Sträuchern, Regentonnen, Komposthaufen, viel nackte Haut, auch mal einen Fahnenmast, abgezirkelte Buchsbaumhecken, betreuten Wildwuchs, Füchse und Waschbären. Und auch einige Regeln. Wobei diese nicht zwangsläufig Ausdruck des viel zitierten Spießertums sein müssen, sondern auch dem Erhalt der Gemeinnützigkeit des Kleingartenvereins dienen.

Seinen Namensgeber Daniel Gottlob Moritz Schreber interessierte dies übrigens alles nicht die Bohne. Doch neben seinen äußerst fragwürdigen Ansichten zur Erziehung von

Kindern und Jugendlichen empfahl er auch die Ertüchtigung im Grünen, was wiederum den Leipziger Schuldirektor Ernst Innozenz Hauschild dazu inspirierte, den 1864 gegründeten und allerersten Schreberverein ihm zu Ehren nach ihm zu benennen. Da lag der Namensgeber jedoch schon unter der Erde. So viel zur Geschichte.

»Warst du eigentlich schon immer so gartenbegeistert?«
»Äh, nö.«
»Aber ihr hattet früher einen?«
»Meine Oma hatte einen. Wir hatten nur einen Balkon.«

Wenn man über die Vorzüge des idyllischen Laubenlebens erzählt, begibt man sich unweigerlich auf den Pfad des Klischees: ein Platz im Grünen, mal was mit den Händen machen, einfach im Dreck buddeln und Mutter Erde spüren, Erholung, frische Luft, sich bewegen (»Da braucht man gar keinen Sport mehr. Ist auch gut für den Rücken.«), verloren geglaubte oder besser nie erlernte Skills entdecken (Wie zum Beispiel Gehölze zufällig so zurückschneiden, dass sie auch im nächsten Jahr wieder blühen). Man bekommt etwas zurück, sieht nach getaner Arbeit Erfolge, kann eigenes Obst und Gemüse ernten (»Googel mal, was man mit Mangold so machen kann«); nicht zu vergessen die Blütenpracht von Tulpen und Narzissen, Magnolien, Pfingstrosen, Flieder, Lavendel, Frauenmantel (»Schau, da perlt das Wasser so schön dran ab!«), Dahlien (»Übern Winter immer ausgraben, trocken und dunkel lagern und dann irgendwann im Frühsommer wieder rein damit – ganz einfach ...«) und Astern – um nur einige in halbwegs richtiger blühender Reihenfolge zu nennen.

Dinge, von denen man nicht wusste, dass man sich mit
ihnen mal beschäftigen würde:
1. Das Ticken der Blumenuhr

»Und die Nachbarn? Wie sind die so?«

»Och, die sind ganz okay.«

»Da hast du aber Glück gehabt.«

»Hmm.«

Erster Einsatz im Kleingartenverein. Der Nachbar stellt sich vor: »Gartenfreund Jürgen, guten Tag.« Er erklärt der ambitionierten Hobbykrautlerin den Unterschied zwischen Schaufel und Spaten, und die erste Erdkröte wird brutal aus ihrem Winterschlaf gerissen. Die ausrangierten, mit Siebzigerjahre-Blumenmuster verzierten Klappstühle der alteingesessenen Laubenpieper wandern zur großen Freude über den Zaun zu den Frischlingen, und was von Gartenfreund Jürgens Pfirsichernte im Laufe der Saison abfällt, lernen diese zu verarbeiten. Zu Feiertagen wird anlassgerecht angestoßen, Kurze zum Männertag, Piccolöchen zum Muttertag, und während seine Frau Rosen schneidet, Tulpen setzt und Dahlien pflanzt, fährt Gartenfreund Jürgen die Schubkarre mit Säcken voller Anzuchterde und Dünger, gräbt um, repariert Zäune und entspannt in seiner Hollywoodschaukel, von wo aus er sich um die Versorgung der ortsansässigen Singvögel und Eichhörnchen kümmert, indem er ihnen Nüsse und Brot zuwirft.

Dinge, von denen man nicht wusste, dass man sich mit
ihnen mal beschäftigen würde:
2. Rollenverteilungen hinterm Gartenzaun

»Wieso hast du überhaupt einen Garten?«
»Geschenkt bekommen. Von Freunden. Die haben die Ablöse und ein Jahr Pacht gezahlt.«
»Wie? Dann gehört der dir gar nicht?«
»Nein, man mietet den sozusagen.«
»Ist das teuer?«
»Nö, so ca. 200 Euro im Jahr.«

Ein schönes Geschenk. Zumindest in der romantisch verklärten Vorstellung. Bei näherer Betrachtung entpuppen sich die knapp 200 Quadratmeter als ein maroder Laubenhaufen mit einem Garten voller Brombeergestrüpp inklusive vergrabener Ziegelsteine. Auf der Terrasse ist verkümmerter Kunstrasen verlegt und im Inneren des Häuschens kann man das oft beschworene Improvisationstalent aus Vorwendezeiten bewundern. Die Freude ist riesig. Hurra, es ist ein Projekt. Challenge accepted, na gut. Beim Subbotnik mit den Freunden wird aufgeregt gewühlt und gebuddelt. Alle finden es total schön.

Nachdem mehrere Kleintransporterfuhren mit Müll auf der Deponie abgeliefert worden sind, steht Infrastrukturplanung an: Wege? Reicht da nicht ein Trampelpfad? Oder aus Waschbetonplatten? Kiesel sind aber schöner. Gartenfreunde warnen: Da kommt aber schnell das Unkraut durch. Egal, das bisschen. Laube streichen – abbaubare Ökofarbe oder Lack für die Ewigkeit? Auch Gemüse? Klar! Blumen aber auch. Toilette – Chemiecampingklo-Örtchen oder kompostierbaren

Rindenmulch im zertifizierten Plastikbeutel? Erst mal einen Apfelbaum pflanzen.

Dinge, von denen man nicht wusste, dass man sich mit
ihnen mal beschäftigen würde:
3. Die Fäkalien der Freunde

»Und was gibt es da alles so?«

»Zwei Apfelbäume, eine Sauerkirsche, einen Pflaumenbaum, Johannis- und Stachelbeeren, Himbeeren, wilde Erdbeeren, diese kleinen halt, Kräuter, Blumen und was man sonst noch so gerade anbaut.«

»Und was ist das dann so?«

»Kartoffeln, Salat, Gurken, Radieschen, Karotten, Bohnen oder auch Tomaten halt.«

»Ist das nicht am Ende günstiger, seine Tomate im Supermarkt zu kaufen, wegen dem ganzen Gießen und so?«

»Nö.«

Das Verhältnis zu Obst und Gemüse verändert sich im Laufe der Zeit. Eine völlig neue Wertschätzung entwickelt sich, denn eine Tomate, die man seit dem Frühjahr liebevoll daheim in eine Kokosquelltablette ausgesät, auf der Fensterbank großgezogen, umgetopft, in den Garten gesetzt, ausgegeizt, angebunden und gegossen hat, schmeckt eh am allerbesten – sofern sie nicht zwischenzeitlich Opfer der radikalen Braunfäule geworden ist –; da wird man einen Teufel tun und sie im Kühlschrank vergammeln lassen. Und auch die Millionen Zucchini wird man in allerlei Varianten lernen zuzubereiten. Die Früchte des Lebens werden den Alltag bestimmen. Geht es mal eben nicht an den See. Kirschen pflücken sich ja nicht von alleine. Und wohin damit? Tja, ewig halten die sich nun nicht. Also einkochen. Aber vorher entsteinen, klar. Hab ich überhaupt Gläser? Wiegen kann man die ja auch im Supermarkt ... und zack; ist die Nacht wieder zum Tag geworden und super Sauerkirschkompott ist auch schon fertig.

Dinge, von denen man nicht wusste, dass man sich mit
ihnen mal beschäftigen würde:
4. Einmachen vs. einkochen

»Macht ihr denn da auch Partys?«
»Na ja, ab und zu wird gegrillt.«
»Ah, cool. Kommen die Nachbarn da auch?«
»Eher selten.«

Auf der Intersetseite der heimischen Kolonie heißt es unter *Gartenrecht* wie folgt: »Im Normalfall geht es am Gartenzaun friedlich zu. Bei Meinungsverschiedenheiten hilft vielleicht ein gemeinsamer Grillnachmittag.«[3] Meinungsverschiedenheiten gibt es nicht, deshalb kommen die Freunde zum Grillen und begutachten die Fortschritte, loben das ausgeklügelte Beetsystem, das nach den Regeln der Fruchtfolge beackert wird, begeistern sich für Pflanzkonstruktionen, blättern in John Seymours Selbstversorger-Bibel[4], kniffeln unter dem Laubendach, belächeln den Manufactum-Kupferbandzaun, der den wehrlosen Salat vor den unersättlichen gierigen Schneckenmäulern schützen soll, lassen sich von Mücken stechen, helfen beim Kompostbau und Rasenmähen oder hängen einfach nur rum, naschen Beeren, Bier und Würste.

Ein Waschbär kommt vorbei, liegt lauernd auf dem Dach des Gewächshauses und wartet auf die Reste vom Grillfest. Es ist wirklich total schön.

Dinge, von denen man nicht wusste, dass man sich mit ihnen mal beschäftigen würde:
5. Waschbärfotografie im Dunkeln

»Aber da sind schon eher so ältere Leute? Oder gibt es da jetzt auch viele so junge?«
»Gibt auch junge, aber auch ältere.«

Schräg gegenüber residieren die Schwestern Käthe und Edith. Seit über 40 Jahren haben sie ihren Garten. Von Spießertum ist hier nichts zu sehen. Es blüht an jeder Ecke, ein kleiner Teich, ein sich schlängelnder Weg, an dessen Ende die beiden Laubenladys gemütlich im Bikini in der Sonne sitzen. Bei der Pflanzenbestimmung kennt sich Frau Käthe bestens aus, meist weiß sie sogar die lateinischen Bezeichnungen. Geht es darum, ob etwas Unkraut ist oder nicht, rät sie, abzuwarten statt rauszurupfen. Und sie hat immer etwas abzugeben: Himbeerruten, Bodendecker oder mal ne Fette Henne. Der ukrainische Wein, der sich um die Pergola der jungen Parzellenpaten rankt, stammt ebenfalls von einem Gartenfreund, dessen importierte Traubenpracht selbst den Fuchs erblassen und verstummen lässt.

Dinge, von denen man nicht wusste, dass man sich mit
ihnen mal beschäftigen würde:
6. Allium aflatunense heißt auf Deutsch Iranlauch

Durch das Leben mit Kleingarten ergeben sich auf natürliche Art Antworten auf die ganz großen Fragen. Flora und Fauna folgen recht einfachen Gesetzen: Altes vergeht, Neues entsteht, die einen fressen (Schnecken), die anderen werden gefressen (Salat), die Guten ins Töpfchen (nur gesunde Pflanzenreste, außer Unkraut, klein gehäckselt auf den Kompost), die Schlechten ins Kröpfchen (also eigentlich alles auf den Wertstoffhof).

Über die ewige Wiederkunft lässt sich hervorragend beim allwöchentlichen Rasenmähen sinnieren, und die Frage, ob das alles überhaupt einen Sinn ergibt, beantwortet sich spätestens, nachdem man die ersten Früchte seines Fleißes in Form von Erdbeeren, Tomaten oder Kartoffeln geerntet hat, mit einem lauten »Ja!« bzw., wenn man zum hundertsten Mal das Unkraut auf dem gemeinschaftlichen Weg gezupft hat, mit einem leicht genervten »Muss ja«. In der Schule des Gartens muss man halt manchmal nachsitzen, doch es lohnt sich allemal.

»Macht dann aber auch echt Arbeit, so ein Garten.«
»Hmm.«
»Kann aber auch schön sein.«
»Hmm.«
»Is' da noch was frei, bei euch in der Anlage?«
»Musst du mal schauen. Ich glaube, zurzeit nicht.«

Der Pfirsichbaum in Nachbars Garten wird gefällt. Er war schon sehr groß und alt und vielleicht auch ein bisschen krank. Gartenfreund Jürgen kommt immer seltener. Er sieht nicht mehr so gut, deshalb tritt er langsam an den Zaun heran, damit er seine Nachbarn erkennen kann. Seine Frau schneidet Rosen, setzt Tulpen und pflanzt Dahlien. Fährt Schubkarren mit Säcken voller Anzuchterde und Dünger, gräbt um und entschuldigt sich, dass der Zaun noch nicht repariert wurde. Gartenfreund Jürgen sitzt in seiner Hollywoodschaukel, von wo aus er dem Konzert der ortsansässigen Singvögel lauscht.

Dinge, von denen man weiß, dass man sich noch unbedingt mit ihnen beschäftigen möchte: 1. Im Garten übernachten 2. Grillen mit den Nachbarn 3. Einen Pfirsichbaum pflanzen 4. Fuchsfotografie 5. Eine Gießkannendusche bauen 6. Warten, dass wer in das Vogelhaus einzieht 7. Die Regenrinne reparieren 8. Und den Gartenzaun 9. Mehr Marmelade kochen 10. Würste essen.

MIRIAM PAULSEN

Miriam Paulsen lebt in Leipzig und betreibt dort seit zehn Jahren das *TSCHAU TSCHÜSSI*, einen Concept Store für junges Design und Papeterie. Davor hat sie Soziologie und Germanistik studiert. Neben dem Ladenalltag organisiert sie Ausstellungen, Märkte und Workshops und arbeitet als freie Autorin und Redakteurin. Und gärtnert bei Schrebers.

ENDNOTEN

1   *Quelle: statista.com*

2   *Quelle: Stadt Leipzig*

3   *www.schreber-leipzig.de/gartenrecht.html*

4   *John Seymour, »Selbstversorgung aus dem Garten: Wie man seinen Garten natürlich bestellt und gesunde Nahrung erntet«, Urania, Freiburg 2005.*

BRUNHILDE BROSS-BURKHARDT

EIN PLÄDOYER FÜR'S UNKRAUT

In jedem Garten gibt es einen Teil der Vegetation, den der Mensch nicht willentlich gepflanzt hat: nämlich Unkräuter. Unkräuter wie etwa Brennnessel, Ehrenpreis und Gundermann, die wie von alleine aufkommen. Ein Bekenntnis zum Unkraut also? Nicht ganz.

Zwiesprache mit dem Unkraut

Als studierte Vegetationskundlerin mag ich generell alle Pflanzen, auch diejenigen, die als *Unkräuter* abgestempelt sind. Als gärtnernder Privatmensch stehe ich den Unkräutern allerdings zwiespältig gegenüber. Unkräuter sind für mich, ich bekenne es, Lust und Last zugleich. In letzter Zeit schlägt das Pendel eher zur Last hin aus. Denn objektiv betrachtet vereinnahmt der Umgang mit dem Unkraut, mit dem überbordenden Aufwuchs auf Gemüse- und Staudenbeeten und an Wegrändern, doch ziemlich viel von meiner knappen Zeit, die ich als gärtnernde Autorin überhaupt im Garten zubringen kann. Ich hadere manchmal mit mir, dass ich eine solch nutzlose Arbeit verrichten muss und weit und breit niemand da ist, der sie mir abnehmen könnte. Sisyphos kommt mir da zwangsläufig in den Sinn. Vor Jahrzehnten musste ich mir solche Gedanken noch nicht machen. Anfangs war mein Garten noch ziemlich unkrautfrei. Einmal in dieser Anfangszeit schlug ein extremer Hagelschlag alles Grüne klein. Da war ich froh um jedes spontan aufkommende Kraut, das aus dem bloßen Erdreich spross und den Boden bedeckte.

Der unkrautfreie Zustand war nur von kurzer Dauer. Rasch entwickelte sich eine vielfältige Vegetation, denn ich greife nicht allzu rigoros ein und lasse manche Pflanze stehen, die blüht und fruchtet, ihre Samen ausstreut und sich so vermehrt. Ich finde wild aufkommende Pflanzen mit ihren besonderen Gestalten ebenso ästhetisch wie Zierpflanzen. Mir gefällt es, wenn die *Nesselblättrige Glockenblume* unverhofft im Staudenbeet auftaucht oder wenn die Zaunwinde einen Maschendrahtzaun erobert. So etwas lässt sich nicht planen, das entwickelt sich von Natur aus.

Ich finde, dass mein leicht verunkrauteter Garten auch Ausdruck meiner Persönlichkeit ist, die Neues, Ungeplantes zulässt, die streng Geregeltes und Abgezirkeltes überhaupt nicht mag. Ich lasse der Natur gerne ihren Lauf. Das gibt mir Gelegenheit zu beobachten, wie sich die Vegetation entwickelt. Und da setzt mein fachliches Interesse wieder an.

Unkraut zeigt Dynamik in Lebensräumen

Überall, wo ich mich aufhalte, ob zu Hause oder unterwegs, registriere ich, welche Arten da an diesem speziellen Standort wachsen, und kann aus der Zusammensetzung vieles über den Boden und das Kleinklima ablesen. Weil sie Standorteigenschaften ziemlich genau anzeigen, werden viele Unkräuter deshalb in der Fachsprache auch als *Zeigerpflanzen* bezeichnet. Der *Acker-Schachtelhalm* beispielsweise deutet immer auf Staunässe und Stauschichten im Bodenuntergrund hin. Besonders interessant finde ich Ödland und Bahndämme. Bahnfahrten und Wartezeiten auf Bahnhöfen sind nie langweilig für mich, weil sich im Bahnschotter eine besondere Flora zeigt. Dieses Beobachten ist mir seit meiner Studienzeit zur Gewohnheit geworden. Die Vegetationszusammensetzung fasziniert mich, sowohl im räumlichen Nebeneinander als auch im zeitlichen Nacheinander.

So finde ich es hochinteressant, über Jahrzehnte die Vegetationsentwicklung in meinem Garten beobachten zu können. Manche Pflanzenarten kommen, andere ziehen sich zurück. So war vor Jahren die *Acker-Lichtnelke* – ein betörend duftender Abendblüher – plötzlich auf meinen Gemüsebeeten da. Wärmeliebende Arten wie die *Hühnerhirse* oder der *Vielsamige Gänsefuß* sind ebenfalls eingewandert und breiten sich auf den Beeten aus. In Kästen und Töpfen kamen plötzlich einzelne Pflanzen des schön und lange blühenden *Schmalblättrigen Hohlzahns* auf. Den sehe ich sonst auf Bahndämmen. Der *Hornfrüchtige Sauerklee* mit seinen rötlichen Blättern und dottergelben Blüten hat sich schon länger in Töpfen und im Erdbeerbeet angesiedelt und hält sich hartnäckig. Bei den Neueinwanderern ist oft nicht klar, wie sie in den Garten gelangten; ob sie *von alleine* (also durch Zuflug, über Tiere als Transporteure, über verunreinigtes Saatgut oder mit Blumenerde) aufkamen oder ob nicht ich selbst es war, die ihnen zum Einzug in meinen Garten verhalf. Denn ich streife oft durch die Botanik und bringe da sicher manchmal unabsichtlich Fruchtstände und einzelne Samen in den Garten mit – als Anhängsel an Schuhen oder Kleidung oder mit Wildblumensträußen. Manchmal nehme ich bei meinen Vegetationserkundungen auch Früchte oder Samen mit (beispielsweise von *Wilder Möhre*) und streue sie im Garten aus, in der Hoffnung, dass sie keimen und sich am Standort etablieren.

Auch einige Kulturpflanzen sind verwildert und suchen sich ihren Platz. Ich bezeichne diese Arten gerne als »Gartenvagabunden«. Die Rede ist von der *Süßdolde* mit ihren farnartigen Blättern, von der *Kronen-Lichtnelke* mit ihren samtigen bläulichgrünen Blättern oder vom duftigen *Gelben Lerchensporn*.

Bei mir dürfen sie alle existieren. Ich habe zu allen Gewächsen eine recht enge, ja man kann sagen emotionale Bindung. Doch etwas ausgrenzend verhalte auch ich mich. Die den Boden durchziehenden Wurzelunkräuter *Acker-Schachtelhalm*, *Giersch* und *Acker-Winde*, die viel Jätarbeit mit sich bringen, möchte ich nicht im Garten haben. Und Brombeerranken und Gehölzsämlinge entferne ich ebenfalls. Denn sonst würde mein Garten in kürzester Zeit zum Gebüsch und schließlich zu einer Art Wald. Und dann wäre es kaum noch möglich, Nutzpflanzen anzubauen.

Auch ökologisch wirtschaftende Bauern und Gärtner müssen pflügen, hacken, abflammen und das Unkraut mit allen zur Verfügung stehenden Mitteln bekämpfen. Denn sonst würden die konkurrenzkräftigen Unkräuter die schwächeren Nutzpflanzen bedrängen oder verdrängen, sodass es nichts mehr zu ernten gibt.

Mein Leitbild als gärtnernder Privatmensch bleibt die Toleranz.

Auf verlorenem Posten

In meiner privaten Wohnumgebung stehe ich mit meiner toleranten Einstellung zum Unkraut jedoch auf ziemlich verlorenem Posten. Ich brauche mich nur in den Gärten der Nachbarschaft umzuschauen. Da bleibt kein wild aufkommendes Kraut stehen. Die Nachbarn, die ich insgeheim als »Kehrwochengärtner« bezeichne, zupfen, rupfen und kratzen mit Inbrunst jedes Kraut aus den Fugen oder hacken es vom Beet. »Unkraut« muss weg, es muss bekämpft werden. Nur Pflanzen, die beim Gärtner gekauft worden sind, haben in deren Gärten eine Existenzberechtigung. Der Garten soll aufgeräumt sein wie ein Wohnzimmer. Oder pingelig gesäubert und zurechtgetrimmt wie eine Grabstätte. Und dieses Ziel wird mit allen im Gartencenter angepriesenen Gerätschaften und oft viel körperlicher Energie verfolgt. Die harmlose *Taubnessel* wird genauso ausgerissen wie die *Wilde Waldrebe* oder der *Efeu*.

Der Kehrwochengartenmensch versteht unter Unkraut alle Pflanzen, die ihn stören, die seinem Ordnungssinn, seinem Sauberkeitswahn zuwiderlaufen. Wenigstens nehmen die Kehrwochengärtner keine Herbizide, sondern gehen mechanisch vor und verbringen so ihre Tage auf Kissen oder Knieschonern kniend dem Unkraut hinterherarbeitend. Irgendwie kann ich es da schon verstehen, dass sie, wenn ihnen das

Knien doch zu viel wird, gleich den Garten zupflastern oder zuschottern, um diese Mühe des Unkrautjätens vom Hals zu haben.

Unkräuter wecken womöglich Urängste

Ich weiß, dass ich an der Einstellung der Kehrwochengärtner nichts ändern kann. Erklärungen und Hinweise auf die wichtige ökologische Funktion der Unkräuter, selbst über den direkten Nutzen als Bienenweidepflanzen, wollen sie nicht hören. Mir bleibt nichts anderes übrig, als mir kopfschüttelnd vorzustellen, wie diese Menschen die Vegetation und insbesondere die wild wachsende Vegetation um sich herum überhaupt wahrnehmen. Wenn sie einen Garten bewirtschaften, sind sie zwangsläufig mit ihr konfrontiert. Doch wahrscheinlich sehen sie da nur eine undefinierbare Masse und nehmen die Pflanzen nicht differenziert wahr. Manchmal höre ich unschöne Begriffe, wenn sie von Pflanzen sprechen. »Dreck« ist noch ein harmloser Ausdruck. Die Kehrwochengärtner wollen gar nicht wissen, wie die Arten heißen, geschweige denn, wie sie sich vermehren und ausbreiten, welchen Insekten und Schmetterlingen sie Lebensraum bieten. Ich stelle mir vor, dass unkontrolliert wachsende Vegetation Urängste in ihnen weckt. Urängste vom Verschlungenwerden in der Wildnis ... Ein weites Feld für die Tiefenpsychologie tut sich da auf.

Mit meinen Überlegungen zur Sichtweise auf Pflanzen bin ich übrigens in guter Gesellschaft: Hermann Hesse hat sich im *Steppenwolf* ebenfalls damit auseinandergesetzt, wie gärtnernde Menschen Pflanzen wahrnehmen:

»Man stelle sich einen Garten vor, mit hunderterlei Bäumen, mit tausenderlei Blumen, hunderterlei Obst, hunderterlei Kräutern. Wenn nun der Gärtner dieses Gartens keine andre botanische Unterscheidung kennt als ›eßbar‹ und ›Unkraut‹, dann wird er mit neun Zehnteln seines Gartens nichts anzufangen wissen, er wird die zauberhaftesten Blumen ausreißen, die edelsten Bäume abhauen oder wird sie doch hassen und scheel ansehen.«[1]

Die Sprache verrät viel

Der gärtnernde Mensch und das Unkraut – dazu könnten Psychologen und Soziologen sicher noch viel forschen. Naheliegend ist die Annäherung auf sprachlicher Ebene. Da lässt sich über die Vorsilbe »un« mit ihrem abwertenden Beiklang sinnieren, die das Unkraut in die Nähe des Unglücks oder Unbills rückt. Man kann die Redewendung »Unkraut vergeht nicht« heranziehen, die auf Menschen gemünzt ist, denen nichts passiert, die so schnell nichts umhauen kann, die sich unter widrigen Umständen behaupten, genauso wie das Unkraut sich überall durchsetzt. Wer von Unkraut spricht, meint damit Kraut im Plural. Ein Unkraut kommt selten allein – es erscheinen viele Exemplare einer Art und/oder eine Vielzahl von Arten. Der Duden versteht unter Unkraut Pflanzen, die zwischen Nutzpflanzen wild wachsen »und deren Entwicklung behindern«. Diese Definition bezieht sich jedoch nur auf den Ackerbau und den Gartenbau und greift etwas kurz. Denn landläufig als Unkraut bezeichnete Pflanzen wachsen nicht nur auf Äckern und Beeten, sondern auch wild am Wegrand, in Platten- und Pflasterfugen, im Rasen oder unter Hecken.

Toleranz beim Gundermann üben

Im Sprachgebrauch drückt sich vieles aus. Aus der Tatsache, dass seit einiger Zeit viele den Begriff *Unkraut* gerne umschiffen und lieber von *Beikraut* oder *Wildflora* sprechen, kann man schließen, dass ein Umdenken im Gange ist und eine gewisse Toleranz Raum greift.

Anders als im professionellen Anbau, bei dem es – im konventionellen genauso wie im biologischen, wenn auch mit anderen Methoden – ohne konsequente Unkrautregulierung nicht geht, weil die Menschheit schließlich ernährt werden will, ist sie im privaten Umfeld oft übertrieben oder gar nicht nötig. Schon gar nicht in den vielen Gärten, in denen gar keine Nutzpflanzen mehr angebaut werden. Den *Gundermann* oder das *Pfennigkraut* unter Sträuchern einfach wachsen lassen wäre schon ein Anfang. Unkräuter geradezu als Aushängeschild eines Gartens, als bewusst gesetzter Kontrapunkt zu den um sich greifenden steinernen, öden Vorgärten gesetzt, das wäre doch etwas! Ein Plädoyer also für Brennnessel, Ehrenpreis und Co., die mit ihren interessanten Gestalten und vielfältigen ökologischen Funktionen Garten- und Siedlungsräume bereichern. Ich bekenne mich dazu!

DR. BRUNHILDE BROSS-BURKHARDT

Die Agrarwissenschaftlerin und Fachjournalistin Dr. Brunhilde Bross-Burkhardt, Langenburg (Baden-Württemberg), hat sich der Botanik und dem biologischen Land- und Gartenbau verschrieben. Sie will bei ihrem Publikum Verständnis und vielleicht sogar Begeisterung für Naturzusammenhänge wecken – mittels Büchern und Zeitschriftenartikeln sowie unmittelbar auf Exkursionen durch die freie Natur.
www.bross-burkhardt.de

ENDNOTEN

1 *Hermann Hesse, »Steppenwolf«, Suhrkamp Taschenbuch 175, Frankfurt a. M. 1974, S. 73.*

ROBERTA SCHNEIDER

LOB DES UNSCHEINBAREN

»Ein japanischer Garten nun ist kein Blumengarten. In neun Fällen von zehn ist darin nichts zu sehen, was einem Blumenbeet gleicht.«[1] Obwohl diese Sätze Lafcadio Hearns über 100 Jahre alt sind, haben sie nichts an Wahrheit eingebüßt, weshalb auch heute noch neun von zehn japanischen Gärten eine Wohltat für Menschen sind, die mit Blumenbeeten nichts im Sinn haben.

In diesen Gärten habe ich mich bei meinem letzten Aufenthalt im Land des Lächelns in mehrere Pflanzen verliebt. In winterharte Pflanzen, wohlbemerkt, weshalb ich fest entschlossen war, sie in meinem Garten zu kultivieren, der zugegebenermaßen gerade einmal aus drei 30 x 100 cm großen Holzkästen besteht. Wie entspannend, nicht alles in Töpfen halten zu brauchen, die in der kalten Jahreszeit auf überfüllte Fensterbänke gequetscht werden müssen, auf denen die Spinnmilben grassieren!

Doch erst einmal muss ich an die betreffenden Pflanzen herankommen, und das ist gar nicht so einfach. Sie haben irgendetwas an sich, das sie auf dem deutschen Markt nicht bestehen lässt. Inzwischen weiß ich, was es ist. In jenen zweifelhaften Bestimmungsbüchern, in denen die Pflanzen nach der Blütenfarbe sortiert sind, würde man sie unter der Überschrift *Blüten grün oder unscheinbar* finden. Oder gar nicht – weil sie als blütenlose Pflanzen gar nicht erst in diese Bücher hineinkommen, die normalerweise den Samenpflanzen vorbehalten sind.

Houttuynia cordata

Der Kauf einer *Houttuynia cordata*, aus deren Blättern man einen sehr gesunden Tee bereiten kann, gestaltet sich schon aus dem Grund nicht ganz einfach, dass verschiedene Chemotypen von ihr existieren. Chemotypen sind Varianten derselben Art, die sich in der Zusammensetzung der in ihnen enthaltenen Stoffe unterscheiden. Da diese Inhaltsstoffe nur für Leute mit Spezialinteressen relevant sind, wird der Chemotyp bei den im Handel befindlichen Pflanzen meist nicht angegeben. Es besteht also kaum Hoffnung, vor dem Erwerb der Pflanze zu erfahren, ob es sich um den zitrisch schmeckenden japanischen oder um den geruchlich eher an Koriander erinnernden chinesischen Chemotypen handelt. Das ist einem aber spätestens dann egal, wenn man merkt, dass fast nur panaschierte Exemplare auf dem Markt sind. Da wird aus einer unscheinbaren, aber ansehnlichen Pflanze mit grünen, herzförmigen Blättern und weißen Scheinblüten, die denen des Japanischen Blütenhartriegels optisch ein wenig ähneln, aber weniger elegant sind, ein unangenehm geschecktes Kraut, das einen schon im Frühjahr mit Schrecken an den herannahenden Herbst denken lässt. Wenn man das sieht, ist es einem nicht mehr wichtig, welchen Chemotypen man erwischt – solange er nur nicht panaschiert ist.

Panaschiert klingt nicht von ungefähr wie *gepanscht*. Denn die arme Pflanze ist nicht aus Versehen so gescheckt, es ist volle Absicht. Blattschmuck nennen das diejenigen, die es mögen oder es anderen aufschwatzen wollen. Man könne damit dunkle Ecken im Garten aufhellen, das ist eines ihrer Argumente. Die Pflanze wird nicht gefragt, ob sie lieber in einer hellen Ecke stehen möchte, weil sie dort nicht gebraucht wird. Wenn man eine dunkle Ecke im Garten hat, die man nicht mag, warum lichtet man sie dann nicht einfach, anstatt gescheckte Pflanzen hineinzusperren? Als Mensch ohne Sinn für angezüchtete Variegation habe ich früher geglaubt, das ganze fleckige Zeug sei eben so und man würde das ungesund aussehende Blattwerk billigend in Kauf nehmen, weil an den entsprechenden Pflanzen irgendetwas anderes besonders gut wäre. Irrtum – den Käufern der panaschierten Sorten wären die Pflanzen schlicht viel zu langweilig, wenn sie einfarbige Blätter hätten.

Zurück zu der *Houttuynia cordata*. Ob die panaschierte Sorte wohl auch jene Wirkstoffe produziert, die ihre ungescheckte Cousine so interessant machen? Und wenn ja, welchem Chemotyp entspräche sie dann eher? Kann man natürlich alles rausfinden, wenn man sich eine panaschierte Pflanze und je eine vom japanischen sowie vom chinesischen Typ besorgt, alle unter den gleichen Bedingungen kultiviert und sich ein kleines Labor mit Gaschromatografen ins Badezimmer baut. Will man aber nur schnell eine schlichte schöne grüne Pflanze haben, die gesunden Tee liefert, muss man sie bei einem der wenigen Anbieter kaufen, die auch unpanaschierte Houttuynia anbieten – und abwarten, ob man den japanischen oder den chinesischen Chemotyp erwischt. Ich habe Letzteren bekommen.

Persicaria filiformis

Ausgestattet mit einer erfreulich wuchernden *Houttuynia* habe ich mich auf die Suche nach der nächsten Pflanze gemacht. Hier bestand die erste Schwierigkeit darin, herauszufinden, worum es sich bei dem Gewächs überhaupt handelt. Es findet sich in Japan sowohl wild an Wegrändern als auch in Blumentöpfen und hat winzige rote Blüten, die am Stängel angeordnet sind wie Perlen auf einer Schnur. Von Weitem sieht es aus wie Gestrüpp (sofern es in Grüppchen am Wegesrand steht) oder ist quasi unsichtbar (wenn es als Solitär in einem Blumentopf lebt); die Schönheit des Gewächses zeigt sich erst bei näherer Betrachtung. Dieser Umstand sowie der ährige Blütenstand deuten auf einen Knöterich hin. In der Botanik ist es manchmal möglich, etwas zu bestimmen, indem man die augenscheinlichsten Merkmale zu einem Namen verwurstet. Und so handelt es sich bei diesem Gewächs mit den fadenartigen Blütenständen tatsächlich um den Fadenknöterich, *Persicaria filiformis*.

In einer Stadt, die vorsätzlich Robinien an Straßenränder stellt (wofür ich ihr regelmäßig im späten Frühling dankbar bin, wenn die weißen Schmetterlingsblüten ihren herrlichen Duft verströmen), habe ich kein schlechtes Gewissen, einen übel wuchernden, nicht heimischen Knöterich in meinen Blumenkasten zu setzen. Schlimmer als der Japanische Staudenknöterich – welchen übrigens Herr von Siebold[i] angeschleppt hat, den alle Liebhaber von in Japan heimischen Pflanzen aus Artnamen kennen – kann es ja nicht werden!

Aber die Anwucherung wird einem nicht leicht gemacht. Erstens tun alle Händler so, als seien *Persicaria filiformis* und *Persicaria virginiana* ein und dieselbe Art. Und zweitens, das hätte ich mir eigentlich schon vorher denken können: Pflanzen, deren Blüten kleiner sind als fünf Millimeter, sind Deutschen zu langweilig, wenn sie nicht panaschiert sind. Weshalb nicht nur sonderbare Gebilde namens *Persicaria virginiana* ›Filiformis‹ feilgeboten werden, sondern obendrein Sorten mit vielsagendem Namen wie ›Maler Klecksel‹ oder ›Painter's Palette‹. Haarsträubend! So sorgt man dafür, dass ein Knöterich von Weitem wie Gestrüpp aussieht – und von Nahem ebenfalls.

Der Vollständigkeit halber muss hier gesagt werden, dass es auch artspezifische Variegation bzw. Panaschierung gibt, die dann aber üblicherweise nicht scheckig und der Pflanze abträglich, sondern manchmal funktional und meist eher an-

---

i Der in Würzburg geborene Arzt und Botaniker Philipp Franz von Siebold verbrachte im 19. Jahrhundert mehrere Jahre in Japan; damals war das Land noch weitestgehend vom Westen isoliert. Der von ihm in die Niederlande gebrachte Japanische Staudenknöterich, *Fallopia japonica*, gehört zu den meistgefürchteten invasiven Pflanzenarten. Seinen lateinischen Namen hat der Knöterich übrigens von Maarten Hottuyn, nach dem die *Houttuynia* benannt wurde.

sehnlich ist, weshalb es in diesem Fall weniger abwegig wäre, von Blattschmuck zu sprechen. Die Blätter des Fadenknöterichs weisen zum Beispiel natürlicherweise eine v-förmige dunkelrote Zeichnung auf, die so hübsch aussieht, dass nicht nachvollziehbar ist, warum jemand lieber Schecken darauf haben will. Sind nicht die meisten Pflanzen ohnehin in der Naturform am schönsten? Natürlich ist das Ansinnen der Züchter nachvollziehbar, immer größere und spektakulärere Blüten heranzuziehen – wenn einen da erst mal der Ehrgeiz gepackt hat, will man sicher gar nichts anderes mehr tun als Pflanzen kreuzen. Dass aber unbeteiligte Dritte auf die Resultate dieser Züchterei scharf sind, ist mir in den meisten Fällen nicht verständlich.

Zu den wenigen Ausnahmen gehört die gefüllte Zuchtform des Leberblümchens, das dann obendrein gern rosa anstatt wie üblich violett sein darf. Gegen so eine *Hepatica nobilis* ›Rubra plena‹ nimmt sich die Naturform wie ein regelrechtes Schrumpfleberblümchen aus. Weil so ein Leberblümchen klein und bescheiden ein unscheinbares Dasein im Unterholz fristet, kann es ruhig ein bisschen üppiger und leuchtender sein. Allerdings ist die Blütezeit dieser rosafarbenen gefüllten Hepatica lange vorbei. Schon vor 1900 wird sie von Carl August Bolle bereits zu den altmodischen Blumen gezählt; er schreibt über das Leberblümchen: »Für ganz altmodisch und gegenwärtig selten geworden darf zumal die wahrhaft reizende rotgefüllte Spielart gelten; die doppelte blaue lässt sich noch mehr suchen.«[ii] Weshalb man jetzt – über 100 Jahre später – einigermaßen tief in die Tasche greifen muss, um eins dieser unzeitgemäßen Blümchen zu erwerben. Da sie nicht nur selten ist, sondern sich in der Regel obendrein nur vegetativ vermehren lässt, kann so eine Spezialhepatica hierzulande je nach Sorte locker 100 Euro kosten. Ob der Besitz einer so teuren Pflanze die reine Freude ist, mag ich bezweifeln. Wahrscheinlich macht man sich – mehr noch als bei allen anderen geliebten Pflanzen auch – Sorgen, dass ihr etwas zustoßen könnte.

Gerade beherberge ich eine Anemonopsis, die tatsächlich Knospen bekommen hat, und befürchte ständig, Rüpel könnten sich ihr nähern und ihr Schaden zufügen. Allerdings muss man dazusagen, dass es kompliziert ist, in den Besitz einer Anemonopsis zu gelangen, denn obwohl ich sie in einem Antiquitätenmagazin entdeckt habe, ist die Anemonopsis nicht

---

ii Bolles Bemerkungen zum gefüllten Leberblümchen werden sehr häufig zitiert, was wohl daran liegt, dass jene, die sich mit derlei Themen beschäftigen, früher oder später zu *Kaiserkron und Päonien rot ...* von Krausch[3] greifen, in dem sie dieses schöne Zitat finden, das so unwiderstehlich ist, dass sie es ebenfalls verwenden möchten. Sehr aufschlussreich – aber seltener zitiert – sind folgende Sätze Bolles über die »altmodischen Blumen« im Allgemeinen: »Man begegnet euch auf begrasten Kirchhöfen, bisweilen auch, verwildert hervorsprossend, an Burgruinen oder moosgrünen Klostermauern; ja es kann sich ereignen, dass man euch, selten genug, im Gewühl der Großstadt hinter verschwiegenen Planken einmal unerwartet wiederfindet. Gewohnte Stätten werden schwer von euch aufgegeben. Wo man euch aber umsonst suchen würde, das sind die gepflegten und geleckten Gärten der Neuzeit wo längs kiesbestreuten Wegen die Teppichbeete voller Scharlachgeranien im grellen Feuer prangen. Dahin kehrt ihr höchstens einmal an der Hand des Zufalls wieder, der aus übersättigter Laune von den Fuchsien und Begonien modernsten Stiles zu Großmutters Muskathyacinthen zurückzugreifen beliebt.«[4] Interessant ist hier die leicht despektierliche Erwähnung der heute wohl immer noch vor allem als Balkon- und Rabattenpflanzen beliebten Geranien (bzw. Pelargonien) und Begonien (wozu gesagt werden muss, dass es ganz grandiose Begonien gibt – die man mit größter Wahrscheinlichkeit niemals auf Balkonen sehen wird).

etwa altmodisch, sondern war noch nie modern – unbegreiflicherweise. Leider wurde sie nirgendwo geführt, und wenn doch, war sie gerade nicht vorrätig. Also habe ich es mit Samen versucht, die aber leider nicht keimen wollten. Vor zwei Jahren habe ich dann endlich ein Exemplar auf einem Staudenmarkt ergattert, das aber im Frühjahr nicht wiederkam. Ob es die Brut eines Dickmaulrüsslers war oder ein unbemerkter Spätfrost – ich weiß es nicht. Irgendetwas hat meine Anemonopsis getötet. Der Ersatz, erworben auf dem gleichen, periodisch wiederkehrenden Staudenmarkt, knospt nun, und ich mache mir – ihrer Vergänglichkeit bewusst – noch mehr Sorgen um sie als um ihre Vorgängerin.

Aber zurück zu dem Fadenknöterich. Zähneknirschend habe ich *Persicaria virginiana* bestellt, ohne Kleckse, und was habe ich bekommen? *Persicaria amplexicaule*. Oder was auch immer. Also war ich weiterhin ohne *Mizuhiki*, so heißt das Gewächs auf Japanisch, benannt nach einer papiernen Zierschnur, die zur Dekoration von Karten und Geschenken sowie zur Herstellung geflochtener Skulpturen verwendet wird. Und ich wollte auch keinen Fadenknöterich mehr – die Wahrscheinlichkeit, wieder irgendeine falsche Pflanze zu bekommen, war mir zu groß.

Polytrichum

Das kann einem zumindest beim Polytrichum nicht passieren, ganz einfach, weil einem niemand Moose liefern wird. In der irrigen Annahme, das Widertonmoos stünde unter Naturschutz, habe ich zunächst vorgehabt, welches zu kaufen. Da ich ahnte, dass das Abklappern von Staudengärtnereien in diesem Fall fruchtlos sein würde, habe ich im Internet nach kaufbarem Moos gesucht. Ein ernüchterndes Unterfangen. Es gibt zwar allerhand Dinge und sogar Pflanzen, die als Moos gehandelt werden, doch meist handelt es sich bei der feilgebotenen Ware eben nicht um Moos.[iii] Noch häufiger als auf diese Nichtmoose stößt man jedoch auf Antimoosprodukte und -praktiken, die dem Moos den Garaus machen sollen. Entmoosen (nicht zu verwechseln mit dem harmlosen Abmoosen[iv]) ist ein ganz großes Thema. Besonders im Rasen ist Moos offenbar sehr, sehr unbeliebt. Unbeliebter noch als das Rasenmähen (sehr unbeliebt), was man sich sparen könnte, wenn man das Gras komplett durch Moos ersetzen würde. Auf diese eigentlich naheliegende Idee kommen aber nur ein paar

---

iii Die wichtigsten Nichtmoose, die als Moos verkauft werden, sind das »Sternmoos«, *Sangina subulata*, ein sehr eng mit den Mieren verwandtes Nelkengewächs, die »Mooskugeln«*, *Aegagropila linnaei*, Grünalgen, die zu ballförmigen Gebilden verwachsen können und dann gern in der Aquaristik zur Beckenverzierung eingesetzt werden, sowie verschiedene Flechten, also Symbiosen von Pilzen mit Algen. Hier wären zu nennen: *Cetraria islandica*, zu Deutsch Islandmoos und als Arzneimittel verwendet, *Evernia prunastri*, das Eichenmoos, das in Parfums für einen herben Duft sorgt, sowie die verschiedenen Cladoniaarten, die als Bastelmaterial, als »Moos« für Grabgestecke und neuerdings auch als »Mooswände« gehandelt werden.

*Der Terminus Mooskugel bezeichnet neben der ballbildenden Alge auch eine aus Japan stammende Kultivierungsform, bei der das zu einem Ball geformte Substrat mit Moos umgeben wird; die so entstehenden Kugeln werden entweder hängend oder in Pflanzgefäßen sowohl in Innenräumen als auch im Freien gehalten. Wie beliebt diese Kugeln sind, sieht man daran, dass Grundgerüste für ihre Herstellung sogar in den japanischen Pendants zu Ein-Euro-Läden, 100-Yen-Shops, erhältlich sind. Diese riechen allerdings (genau wie zuweilen die Läden) so sehr nach Pestiziden, dass meine innere Blattlaus sich mit Grausen wendet.

Sonderlinge, von denen sich ein großer Teil fragt, ob man das denn wagen könne, wo doch Moos der landläufigen Meinung nach so schlimm ist. Aber was macht das Moos eigentlich so Schlimmes im Rasen?

Zuerst einmal macht es dem Gras angeblich Platz und Wasser streitig. Dann wird die geringe Robustheit bemängelt, die aus der Wurzellosigkeit des Mooses resultiert (wobei man sich fragt, was Leute dagegen haben, wenn etwas kaputtgeht, was sie eh nicht haben wollen. Aber im Endeffekt haben sie wohl einfach Angst vor »Löchern« im Rasen). Das ist zumindest ein Argument, wenn man auf seinem Rasen Fußball spielen will. Genau wie die Rutschgefahr, die auf nassem Moos größer sein soll als auf nassem Gras. All das erklärt aber nicht, warum man Moos aus den Terrassenfugen entfernen muss. Kein Mensch möchte auf seinen Terrassenfugen Fußball spielen. Niemand will in seinen Terrassenfugen einen Rasen anlegen. Nein, das Moos muss weg, damit man die braune Erde in den Terrassenfugen sieht! Aber wozu? Sind Erdstreifen schöner als grünsamtene Mooswülstlein? Nein! Aber das Moos in den Fugen könnte ungepflegt wirken, so wie Nasenhaare, die man nicht abgeschnitten hat, ein ungemähter Rasen oder ein ungewaschener

---

iv Dieses angenehme Wort, das nach einem sanften, schmeichlerischen Schnorren klingt, bezeichnet eine schonende Methode zur Gewinnung von Stecklingen. Dabei wird ein Trieb einer Pflanze an der Stelle, an der er später abgetrennt werden soll, angeschnitten. Die so entstehende Wunde wird mit Moos umwickelt, das bakterizid sowie fungizid wirkt und die verletzte Stelle vor dem Austrocknen schützt. Wenn sich an der so behandelten Stelle Wurzeln ausgebildet haben, kann der entsprechende Teil vollständig von der Pflanze getrennt und in Erde oder ein anderes Substrat gesetzt werden.

Wagen. Es ist die Angst vor der Unordnung und der Natur. Oder genauer: die Angst vor der Ordnung der Natur – die Angst vor dem Tod. Indem man die Natur unterwirft, meint man, ihr zu entkommen. Dass ausgerechnet das Moos – mehr noch als die ebenfalls viel beklagten sogenannten Unkräuter – vielfach mit Verwahrlosung gleichgesetzt wird, mag daran liegen, dass es durch seine Verbreitungsart und seine vergleichsweise bescheidenen Ansprüche bei der Standortwahl gern auch Mauerwerk besiedelt und dort besonders deutlich sichtbar macht, dass sich hier nicht so gekümmert wurde, wie es im Land der glatten Fassaden erwartet wird. Dabei gibt es hierzulande genügend Gebäude, die davon profitieren würden, wenn sie ein wenig bemoost wären. Im Allgemeinen kann man davon ausgehen, dass Moose den Untergrund, auf dem sie wachsen, schützen, anstatt ihm zu schaden. Sie wirken antibakteriell und antimykotisch.

Trotzdem ist und bleibt Moos oft selbst denen suspekt, die es eigentlich aus den unterschiedlichsten Gründen lieben müssten. Vielleicht liegt es daran, dass die wurzellosen Wesen den meisten Leuten grundfremd bleiben. Es fängt schon damit an (oder hört es damit auf?), dass es für die meisten Moosarten keine deutschen Bezeichnungen gibt. Das ist ein deutlicher Hinweis darauf, dass Moose kaum jemanden interessieren. Genau wie die meisten Farne und Flechten. Ausnahmen sind besonders häufige Arten, besonders seltsame Arten und solche, die in irgendeiner Form genutzt werden oder wurden. In den meisten Büchern zur Pflanzenbestimmung kommen sie nicht vor (diese sind in der Regel den höheren Pflanzen vorbehalten, und seien ihre Blüten noch so grün und unscheinbar) und in Büchern über Pflanzenhaltung erst recht nicht.

Mit einer Ausnahme: Bücher über Bonsai kommen nicht ohne Moos aus.

Und so ist es auch kein Zufall, dass ich all diese unscheinbaren Pflanzen in Japan entdeckt habe, oder genauer: in japanischen Gärten und Blumentöpfen[v]. Im Wald und auf dem Feld gibt es wohl überall auf der Welt unscheinbare Gewächse, doch schaffen diese es meistens nicht unbehelligt in die Kultur, wenn sie über ihre nur beim näheren Hinsehen erkennbare Schönheit hinaus keinen weiteren augenscheinlichen Nutzen haben. Dass dies in Japan anders ist, hat wohl mehrere Gründe. Einer ist wahrscheinlich eben das nähere Hinsehen. Durch dieses wird aus einem schnöden Faden(knöterich) eine Zierschnur und aus dem vermeintlich den Rasen zersetzenden Moos ein kleines Wäldlein[vi], wenn nicht gar Weltlein[vii]. Dieses nähere Hinsehen könnte in der Kunst des Ausblendens bzw. des Ignorierens begründet sein, die in einem dicht besiedelten

---

v In Japan stehen vor vielen Häusern – vor allem in den Städten – auf den Wegen Pflanzen in Töpfen, die durchaus als Gartenersatz betrachtet werden können. Gerade in kleineren Straßen ist um die Häuser herum kein Platz für Gärten, und das pflanzenfreundliche Wetter sowie die geringe Diebstahlgefahr laden dazu ein, Pflanzen vor die Tür zu setzen. In diesen mehr oder weniger großen Blumentopfkonglomeraten ist das Verhältnis von sogenannten Grünpflanzen zu solchen mit auffälligen Blüten ähnlich wie im japanischen Durchschnittsgarten.

vi Das Wacholder-Widertonmoos heißt auf Japanisch *Sugigoke*; *Sugi* bezeichnet die sogenannte Sicheltanne, bei der es sich allerdings nicht um eine Tanne, sondern vielmehr um eine Kryptomerie handelt. Man ist sich wohl also einig, dass dieses Moos aussieht wie ein Zypressengewächs.

vii Hierzu empfehle ich das Kapitel *In the Forest of the Waterbear* (Im Wald des Bärtierchens) aus dem Buch *Gathering Moss* von Robin Wall Kimmerer.[5]

Inselstaat, in dem von oben (Taifun) und unten (Erdbeben) und fast allen Seiten (Tsunami) Gefahren drohen, einem ruhigen Leben sehr zuträglich ist und es ermöglicht, Dinge leichter zu isolieren; wer den Streit der Nachbarn übersieht und trotz des stets dräuenden meteorologischen oder geologischen Ungemachs die Ruhe bewahrt, der kann auch das üppigste Gestrüpp ausblenden und die kleinsten rot-weißen Blütchen darin als Sterne wahrnehmen, die den Lichtreflexen in einem Tautropfen gleichen.

Ein zweiter – und wahrscheinlich der wichtigste – Grund ist, dass der traditionelle japanische Garten eine idealisierte Landschaft darstellt, und zwar mehr (wie zum Beispiel in den *Karesansui*, den im Deutschen als Zengärten bezeichneten Steingärten) oder weniger abstrahiert. Nun kommt aber in einer Landschaft – und schon gar nicht in einer idealen – keine geometrisch angeordnete Horde von großblütigen Blumen vor, die an einen Militäraufmarsch erinnert. Rabatten klingt nicht nur wie Kadetten, sie sehen auch aus wie stillstehende Kompanien. Barockgärten wirken so unnatürlich und unlandschaftlich, dass man sich fragen kann, warum an ihrer Stelle nicht einfach Steinmosaike angelegt wurden. Aber vielleicht gehört die offensichtliche Unterwerfung der Natur eben zu der Machtdemonstration, welche diese Gärten waren und sind. Natürlich legen die Europäer heutzutage keine Barockgärten mehr an, doch sie neigen noch immer zu Rabatten (vor allem bei Pflanzungen im öffentlichen Raum) und klar umgrenzten Beeten.

Dass die Natur auch im japanischen Garten unterworfen wird, steht außer Frage, nur ist es eben weniger sichtbar. Die wunderbar knorrigen Kiefern werden nicht von selbst so schön windschief – es muss ein paar Mal im Jahr ein Gärtner kommen, um sie in ihre scheinbar urwüchsige Form zu stutzen. Der sanfte Hügel da hinten, er ist aufgeschüttet. Und natürlich wachsen die wie zufällig dort stehenden Pflanzen eben nicht natürlich und schon gar nicht zufällig dort. Trotzdem wähnt man sich im Paradies. Doch auch wenn in einem solchen Paradies Moos und andere Unscheinbarkeiten willkommener sind als in einem Prunkaufmarsch der Großpetalen, sollte man nicht dem Trugschluss verfallen, der Mensch sei für all die Moosschönheit im Land des Lächelns verantwortlich. Der Garten des Saihô-ji ist dadurch zum Moosgarten geworden – und zwar zum wohl berühmtesten der Welt – dass man sich nicht um ihn gekümmert hat. Das ist so weit nichts Besonderes – in *The Gardens of Japan* von Jiro Harada befinden sich Abbildungen vom Nordostgarten des *Daisen-in*,[viii][5] auf denen dieser so sehr mit Moos überwuchert ist, dass man den Kies nicht mehr sieht, der die Steinsetzungen umgibt. Inzwischen ist das Moos entfernt[ix], der Kies wieder adrett gekämmt und ein Mäuerchen rekonstruiert worden. Das Besondere ist, dass man das Moos im Garten des Saihô-ji und anderer Tempel nicht entfernt hat.

Der *Yamakei Color Guide Kyoto* aus dem Jahr 1968 bringt es folgendermaßen auf den Punkt: »The garden [...] of Saihoji has not been kept well and the ground is overrun with moss.

viii Der Daisen-in ist ein Subtempel des Daitoku-ji in Kyoto. Sein Steingarten gehört wohl zu den berühmtesten Beispielen für Karesansui.

ix Ein bisschen ist noch da. Hinter den Steinen, vor der (rekonstruierten) Mauer, hat man ein wenig Moos auf dem Kies stehen gelassen.

However, the beautiful moss has won the fame. The ruin has beauty. Nothing is permanent. This is Zen thought.«[x][7]

Anders als im Garten des Saihô-ji hat man es in den Teegärten im wahrsten Sinne des Wortes auf Moosbewuchs angelegt. Der Teegarten dient als Weg zum Teehaus; dieser heißt im Japanischen *Roji* (露地), was wörtlich übersetzt etwa *Taugrund* bedeutet. Dieser Weg durch den Teegarten dient gewissermaßen als Einstimmung auf die Teezeremonie; Kakuzô Okakura beschreibt es in seinem *Buch vom Tee* folgendermaßen:

»Der Roji soll die Verbindung mit der Außenwelt unterbrechen und ein neues Gefühl erwecken, das für einen vollen Genuss des Ästhetizismus im Teeraum selbst den Weg ebnet. Wer diesen Gartenpfad gewandelt ist, wird unfehlbar daran erinnert, wie sein Geist sich über die Gedanken des Alltags erhob, während er im Dämmer immergrüner Bäume über die regelmäßige Unregelmäßigkeit der Trittsteine, neben denen vertrocknete Tannennadeln lagen, und an moosbedeckten granitenen Steinlaternen vorüberschritt. Man kann mitten in der Großstadt sein und sich doch weit entfernt von ihrem Staub und Lärm fühlen.«[8]

Welche Pflanzen in einem solchen Teegarten vorhanden sein müssen und welche darin nichts zu suchen haben, ist recht

---

x Auf Deutsch etwa: »Der Garten [...] des Saihoji ist nicht gut gepflegt worden und der Boden ist mit Moos überwuchert. Doch das Moos hat Ruhm erlangt. Im Verfall liegt Schönheit. Nichts ist dauerhaft. Das ist Zen-Denken.«

streng reglementiert.[xi] Eine Sonnenblume würde in einem Roji wirken wie ein Ufo, und ohne Moos würde ihm etwas Wesentliches fehlen. Das Moos ist so wichtig für den Roji, dass man sich fragen kann, ob die Trittsteine wohl eher dazu dienen, die Füße des Gastes vor dem (feuchten) Moos zu schützen oder eher das Moos vor den Füßen des Gastes; Jiro Harada schreibt über diese Steine: »The height takes into consideration the growth of moss on the ground and also pine needles with which the ground is covered in order to protect the moss or the ground against frost.«[xii] [9]

Moos verkörpert zwei ästhetische Prinzipien, die eng mit der Teezeremonie verknüpft sind, und die meist in einem Atemzug genannt werden: *Wabi* und *Sabi*. Der Ausdruck *Wabi* umreißt ein Konzept, das sich nicht mit einem Wort übersetzen lässt. Daisetz Teitaro Suzuki erklärt es in *Zen und die Kultur Japans* folgendermaßen: »Will man es in Worten des täglichen Lebens ausdrücken, so heißt Wabi, mit einer kleinen Hütte zufrieden sein, mit einem Raum von zwei oder drei Tatami (Matten) gleich der Hütte Thoreaus, und mit einem Pflanzengericht, das man auf dem nächsten Feld aufgelesen hat, und vielleicht dem Tropfenfall eines zarten Frühlingsregens lauschen.«[10] Teiji Itoh fasst es als »Tranquil Simplicity«

---

xi Zu den dem Teegarten angemessenen Pflanzen gehören Moose, Farne sowie immergrüne Bäume und Sträucher. Auffällig blühende Gewächse wie Hortensien und Azaleen werden nicht oder nur sehr sparsam eingesetzt.[12]

xii Auf Deutsch etwa: »Die Höhe berücksichtigt das auf dem Areal wachsende Moos ebenso wie die Kiefernnadeln, mit denen die Fläche bedeckt ist, um das Moos oder den Boden vor Frost zu schützen.«

zusammen. Mit *Sabi* verhält es sich ähnlich; seine Erklärungen hierzu überschreibt Itoh mit »Patina of age«[11]. Moos verkörpert beide Prinzipien gleichzeitig, wobei es nur indirekt Sabi ist, indem es selbst stets jung und frisch wirkt, aber die Oberfläche bzw. das Substrat, auf dem es wächst, mit einer Patina überzieht. Bei Teiji Itoh heißt es: »Indeed, Sabi is at its ultimate when age and wear bring a thing to the very threshold of its demise. Appreciation of sabi confirms the natural cycle of organic life – that what is created from the earth finally returns to the earth and that nothing is ever complete. Sabi is true to the natural cycle of birth and rebirth.«[xiii][13] So betrachtet schätzt man das Moos im Teegarten aus genau dem Grund, aus dem man es bei uns aus den Terrassenfugen vertreiben will. Wie kommt es zu diesem diametralen Gegensatz? In *Lob des Schattens* bietet Jun'ichirô Tanizaki einen Erklärungsansatz für die so unterschiedliche Wertschätzung von Licht und Schatten im Westen und in Ostasien, der vielleicht sogar die möglichen Gründe für die so stark differierende Wahrnehmung zu erhellen vermag:

>»Und bei der Anlage von Gärten breiten sie ebene Rasenflächen aus, wo wir schattige Bäume und tiefes Buschwerk

---

xiii Auf Deutsch etwa: »Tatsächlich erreicht das Sabi ein Maximum, wenn Alter und Verschleiß etwas an den Rand des Verfalls bringen. Die Würdigung des Sabi bejaht den natürlichen Kreislauf des Lebens – dass das, was aus der Erde geschaffen wurde, zur Erde zurückkehrt und dass nichts jemals vollkommen ist. Sabi folgt dem natürlichen Kreislauf von Geburt und Wiedergeburt.«

pflanzen. Aus was für Gründen kam es wohl zu derartigen Geschmacksunterschieden? Meiner Meinung nach ist es die Art von uns Ostasiaten, die Umstände, in die wir einbezogen sind, zu akzeptieren und uns mit den jeweiligen Verhältnissen zufriedenzugeben. Deshalb stört uns das Dunkel nicht, wir nehmen es als etwas Unabänderliches hin; wenn es an Licht fehlt, sei's drum – dann vertiefen wir uns eben in die Dunkelheit und entdecken darin eine ihr eigene Schönheit.«[14]

Selbst als Freund greller Beleuchtung möchte man nach der Lektüre von Tanizakis Essay alle Glühbirnen herausdrehen. Genau, wie man sich nach einem Besuch im Land des Lächelns wünscht, ein bisschen mehr Moos in Deutschland zu haben. So wie in Südfrankreich zum Beispiel, wo es Moosbrunnen gibt. Es sind dies Brunnen, die nicht saniert oder gereinigt werden bzw. wurden und sich dadurch im Laufe der Zeit in verwunschen anmutende grüne Klumpen verwandeln. Hier gärtnert kein Mensch, sondern das Laisser-faire höchstselbst. Auch in Italien gibt es solche Moosbrunnen, und es könnte auch hier welche geben, wenn nicht irgendwer immer wieder das Moos entfernen würde. Denn zweifelsohne gedeiht das Moos sehr gut hier, sonst würde sich ja keiner darüber aufregen.

Nun darf man gerechterweise nicht verschweigen, dass es schon besser geworden ist mit der Moosakzeptanz in Deutschland. Moos ist fast schon ein bisschen hip geworden. Firmen bieten Paneele an, mit denen man Flächen bemoosen kann – vermeintlich. Denn tatsächlich beflechtet man. Mit Cladonia. Chemisch behandelt, damit sie flexibel bleibt und schmutzabweisend ist, und gefärbt, damit sie den gewünschten

Grünton aufweist, weil Moos ja grün ist und Flechten eher dieses weißliche Blassgrün haben, das aussieht, als könne es im Dunkeln leuchten. Zugegebenermaßen sieht das sehr schick aus und es fühlt sich auch irgendwie gut an, aber will man sich wirklich chemiegetränkte, gefärbte[xiv] Flechte in die Wohnung hängen? Eher nicht, erst recht nicht, wenn man weiß, dass Flechten nur wenige Millimeter im Jahr wachsen und im Winter den Rentieren als Nahrung dienen. Darüber hinaus darf man nicht vergessen, dass die zarten Tundrenbewohner Photosynthese betreiben – manche Arten auch noch bei Temperaturen weit unter null Grad. Damit spielen sie eine nicht unwesentliche Rolle für das Klima. Außerdem: Eine mit kleinen Flechtenbüscheln beklebte Platte – staubt das nicht ein? Und wenn ja, wie kriegt man den Staub aus dem krausen Zeug raus? Nein, das verstehe ich nicht. Warum nach der Flechte greifen, wenn doch immer mal wieder eine Elster ein Moospölsterchen aus der Dachrinne wirft, das man in eine alte Tasse pflanzen und in der Wohnung halten kann? Oder man darauf warten kann, dass sich in einem Blumentopf vor der Haustür ein Lebermoos ansiedelt und eine Landschaft ausbildet, die aus einem Sixties-Science-Fiction-Film entsprungen sein könnte mit den thallösen Terrassen, den porigen Brutbecherkratern und den Antheridien und Archegonien, die aussehen, als könne man damit geheime Informationen ins All senden. Obendrein soll man mit einem Extrakt aus *Marchantia*

---

xiv Bei der »Chemie« handelt es sich um eine Salzlösung, und zwar mutmaßlich um eine harmlose. Harmloser wahrscheinlich als die Farbe, mit der die Flechte gefärbt wird. Und der Kleber, mit dem sie auf die Platten geklebt werden. Die wahrscheinlich auch nicht von Pappe sind.

ein Lebewesen vertreiben können, das bei Gärtnern ähnlich unbeliebt ist wie der Dickmaulrüssler: die *Spanische Wegschnecke*. Damit könnte das Lebermoos der Florfliege[xv] den Rang als ansehnlichstes Pflanzenschutzmittel Europas ablaufen.

Dass diese Moosplatten überhaupt Abnehmer finden, zeigt, dass es eine Sehnsucht nach der grünen Fläche gibt, die die Natur dem Auge bietet. Nicht nach bunten Blumen. Der Alltag in den Städten ist so bunt und überreich an Reizen, dass es nicht verwunderlich ist, wenn sich die Städter nicht einfach nur in die Natur, sondern gleich ganz in den Wald wünschen. Um sich ein Stück Waldeinsamkeit in die Großstadt zu holen, ist ein Pölsterchen Widertonmoos ungleich viel besser geeignet als ein Pulk Pompondahlien ›Franz Kafka‹, und mögen sie noch so schön gewachsen sein. Man kann mit dem Blick in das saugende, satte Grün sinken wie in eine weiche Matratze.

Ein Freund hat mir ein Polster Widertonmoos aus dem Wald mitgebracht; es steht nun neben der Houttuynia. Die beiden verstehen sich erstaunlich gut – auch mit dem Frauenhaarfarn und der Morgensternsegge. Die Anemonopsis ist gestorben. Auf dem periodisch wiederkehrenden Staudenmarkt gab es dieses Jahr keinen Ersatz – dafür aber einen Fadenknöterich.

---

xv Die Gemeine Florfliege, *Chrysoperla carnea,* auch Goldauge genannt, ist ein wunderschönes, grünes, dreieckig wirkendes, zu den Netzflüglern gehörendes Insekt. Ihre Larven, die sogenannten Blattlauslöwen, fressen unter anderem gern Milben und – nomen est omen – Blattläuse. Damit sind sie so ideale »Schädlings«vernichter, dass sie als Nützlinge im Handel erhältlich sind. Es heißt, dass sie Zinnoberrot und Katzenminze mögen.

ROBERTA SCHNEIDER

Roberta Schneider lebt in der Winterhärtezone 8a, sammelt Araceen sowie Zingiberaceen, arbeitet als Autorin und Übersetzerin und kommt gern vom Hölzchen zum Stöckchen. Leute, die mehr Angst vor großen Spinnen als vor großen Autos haben und Moos im Garten mehr fürchten als Herbizide, sind ihr nicht geheuer.

ENDNOTEN

1   *Lafcadio Hearn, »In einem japanischen Garten« in: »Japans Geister«, übersetzt von Berta Franzos, Die Andere Bibliothek, Berlin 2015.*

2   *Carl August Bolle, »Altmodische Blumen« in: »Brandenburgia 8«, P. Stankiewicz' Buchdruckerei, Berlin 1900, S. 196.*

3   *Heinz-Dieter Krausch, »Kaiserkron und Päonien rot ... Entdeckung und Einführung unserer Gartenblumen«, Dölling & Galitz Verlag, Hamburg 2003.*

4   *Carl August Bolle, »Altmodische Blumen« in: »Brandenburgia 8«, P. Stankiewicz' Buchdruckerei, Berlin 1900, S. 185–186.*

5   *Robin Wall Kimmerer, »Gathering Moss – A Natural and Cultural History of Mosses«, Oregon University Press, Oregon 2003.*

6   *Jiro Harada, »The Gardens of Japan«, The Studio Limited, London 1928, S. 49 und 128.*

7   *Keiichi Tsukamoto, Masanobu Mitsuaki »Karā Kyoto«, Yama-to-keikoku Sha, Tokyo 1968, S. 55.*

8   *Kakuzô Okakura, »Das Buch vom Tee«, übertragen von Horst Hammitzsch, Insel, Frankfurt a. M. 1979, S. 61–62.*

9   *Jiro Harada, »The Gardens of Japan«, The Studio Limited, London 1928, S. 29.*

10   *Daisetz Teitaro Suzuki, »Zen und die Kultur Japans«, übersetzt von Otto Fischer, Rowohlt, Reinbek 1958, S. 14.*

11   *Teiji Itoh, »Wabi Sabi Suki«, Cosmo Public Relation Corp., Tokyo, Veröffentlicht von Mazda Motor Corporation, Hiroshima 1993, S. 7.*

12   Vgl. Karl Hennig, »Japanische Gartenkunst«, DuMont, Köln 1980.

13   Teiji Itoh, »Wabi Sabi Suki«, Cosmo Public Relation Corp., Tokyo, Veröffentlicht von Mazda Motor Corporation, Hiroshima 1993, S. 7.

14   Jun'ichirô Tanizaki, »Lob des Schattens«, übersetzt von Eduard Klop-
fenstein, Manesse Verlag, Zürich 1987, S. 55.

ANNETTE HOLLÄNDER

ALTE GEMÜSE-SORTEN ANBAUEN, ERHALTEN UND VERMEHREN

Wer sein eigenes Gemüse anbaut, kennt den Genuss frisch geernteter Salate oder sonnenreifer Tomaten. Gemüsegärtnern ist von der Liebe zu gutem Essen und hochwertigen Lebensmitteln nicht zu trennen. Gleichzeitig lässt sich aus der Arbeit im Garten Ausgleich, Energie und Zufriedenheit schöpfen.

Die gärtnerische Leidenschaft hat mich schon seit meiner Kindheit begleitet, auch wenn ich sie nicht immer gleichermaßen ausleben konnte. Auf dem Land aufgewachsen, war es selbstverständlich, einen Gemüsegarten zu bestellen und sich nach der Saison von den Erzeugnissen zu ernähren. Mit den Jahren und dem richtigen Lebenspartner wurde auch als Erwachsene ein eigener Garten für die ganzjährige Selbstversorgung mit Gemüse und darüber hinaus ein kleines Erhaltungsarchiv alter und gefährdeter Gemüsesorten daraus.

Der Weg zu den alten Gemüsesorten

Der Wunsch, den Erntezeitraum im eigenen Garten so lange wie möglich auszudehnen und außerdem geschmackvolle Besonderheiten zu kultivieren, hat mich auf den Weg zu den sogenannten *alten Gemüsesorten* gebracht. Gleichzeitig ist eine echte Liebe zu unseren Kulturpflanzen daraus erwachsen und damit auch die Bewusstwerdung, wie Gärtner und Kulturpflanze in enger Symbiose stehen: Die Pflanzen ernähren uns, und gleichzeitig brauchen viele Kulturpflanzen den Gärtner, um in ihrer Kulturform überleben zu können.

Betrachtet man in diesem Zusammenspiel die Mühen des Gärtners, könnte sich vielleicht auch die Frage stellen, wer wen für sich auserkoren hat. Der Mensch die Pflanze zu seinem Nutzen und zu seiner Ernährung, oder hat sich die Pflanze den Menschen auserwählt, auf dass er sie hegt und pflegt und Züchtung mit ihr betreibt?

Unabhängig von solchen Gedanken ist die Vielfalt unserer Kulturpflanzen mit ihren Gemüsesorten in allen erdenklichen Farben und Formen einfach unglaublich bestechend. Beginnt man sich intensiv damit zu befassen, sind der Entdeckung von verführerischen Raritäten kaum Grenzen gesetzt. Und so gibt es bei der Auswahl der Saaten jedes Jahr die Qual der Wahl.

Zwar haben sich Gemüselieblinge herauskristallisiert, auf die ich in meinem Gartenjahr und auf meinem Teller nicht mehr verzichten möchte. Dazu gehören beispielsweise ein lilafarbener Brokkoli für die erste Ernte im Frühling, eine wunderbar freilandtaugliche Aubergine, fleischige Riesenzuckerschoten und gelbe Kipflerbohnen, ein blaues Spitzkraut, mit dem sich der beste Krautsalat zubereiten lässt, natürlich eine hübsche Auswahl an bunten Tomaten mit ihren unterschiedlichen Aromen und, und, und ... Daneben gibt es jedoch jährlich neue alte Sorten, die zum Ausprobieren angebaut werden. Und manch eine erobert sich dann wieder einen langfristig festen Platz im Gemüsebeet.

Auf der Suche nach den guten alten Sorten

Viele dieser alten Gemüsesorten haben für den Hausgarten und die Selbstversorgung einiges zu bieten. Eine wichtige Eigenschaft ist dabei Robustheit für den Freilandanbau. Schließlich sind sie in Zeiten entstanden, als geheizte Gewächshäuser und Gemüseimporte noch Zukunftsmusik waren. Eine damit oft einhergehende gute Winterhärte sorgt für eine verlängerte Erntesaison, und nicht zuletzt verfügen viele dieser Gemüse über eine bestechende Optik bei gleichzeitigem Geschmackserlebnis.

Im Lebensmittelhandel sind die meisten dieser Gemüsesorten jedoch kaum erhältlich. Tomaten sind hier ein Paradebeispiel: Viele der Tomatensorten, die ganz hervorragend schmecken, haben eine sehr dünne Haut. Angeboten werden sie im Handel in der Regel nicht, da sie nicht ausreichend transport- und lagerfähig und somit für die Erwerbsproduktion nicht interessant genug sind. Mit vielen anderen alten Gemüsesorten verhält es sich ähnlich. Oder sie halten sich nicht an einheitlich genormte Gemüsegrößen oder der Ernteertrag ist wichtiger als Geschmack.

Auch im Saatguthandel hält man vergeblich Ausschau nach der Vielfalt der alten und bunten Gemüsesorten. Hier findet man meist dasselbe Einheitssortiment wie im Lebensmittelmarkt. Die Tomate ist rot, die Gurke ist grün und die Aubergine ist violett. Dass dies auch anders sein könnte bzw. schon einmal ganz anders gewesen ist, weiß kaum jemand – sei es Gärtner oder Konsument. Die wenigen Ausnahmen mit gelben Tomaten oder einer violetten, sogenannten Urmöhre entlarven sich beim genauen Hinsehen als keine wirklich alten Sorten.

Wo findet man nun die alten Gemüsesorten? Viele meiner Lieblingssorten habe ich ursprünglich aus Saatgutarchiven oder von privaten Erhaltern. Und glücklicherweise wird die Gruppe derer, die alte Gemüsesorten vermehren und Saatgut anbieten, langsam größer. In den letzten Jahren sind zudem vielerorts Saatgutveranstaltungen entstanden, auf denen Samen alter Sorten zu bekommen sind.

Dennoch bleibt oft nur die Vermehrung im eigenen Garten, will man diese Gemüseschätze jedes Jahr wieder anbauen. Schließlich ist es ungewiss, ob Samen dieser Sorten in den kommenden Jahren wieder aufzutreiben sind.

Mit dem Erwerb und dem Anbau dieser Seltenheiten sowie der eigenen Saatgutgewinnung steht zwar zuerst der eigene

Genuss im Vordergrund, gleichzeitig leistet man jedoch einen Beitrag zur Erhaltung. Schließlich stirbt eine Gemüsesorte nicht aus, solange wir sie anbauen, essen und vermehren.

Vom Aussterben bedrohte Nutzpflanzenvielfalt

Jetzt stellt sich natürlich die Frage, warum diese *alten Gemüsesorten* im Handel nicht zu bekommen sind. Hier lohnt sich ein kleiner Rückblick in die Geschichte unserer Sämereien:

Über einen langen Entwicklungszeitraum – seit dem Beginn des gezielten Anbaus von Nahrungsmitteln bis zur modernen Pflanzenzüchtung – entstand eine unglaublich große Vielfalt an Kulturpflanzen. Anbau und Vermehrung lag vorrangig in den Händen der Bauern und Bäuerinnen. Viele dieser sogenannten alten Sorten waren angepasst an Klima und Bodenverhältnisse ihrer Entstehungs- und Anbauregion. Die Vermehrung der eigenen Nutzpflanzen und der Saatguttausch waren üblich und sicherten das eigene Überleben ebenso wie die Vielfältigkeit der Nutzpflanzen.

Heutzutage ist der Anbau von Pflanzen für die Nutzung als Nahrungsmittel und für die Saatgutgewinnung getrennt. Saatgut muss für Landwirtschaft, Gartenbau und Hausgarten erworben werden und unterliegt einer strengen Saatgutgesetzgebung. Saatgut von Sorten, die nicht amtlich zugelassen sind, darf nicht in Verkehr gebracht werden. Sortenzulassungen unterliegen dabei nicht nur strengen Kriterien, sondern sind auch mit hohen Kosten verbunden. Gärtnereien und kleinere Saatgutbetriebe können sich diese Zulassungen nicht leisten.

Gleichzeitig richtet sich die moderne Pflanzenzüchtung vorwiegend auf *Hybrid-Züchtung* für die industrielle

Landwirtschaft aus. Hier sind Höchsterträge und Turbowachstum, maschinelle Bearbeitbarkeit, Transport- und Lagerfähigkeit sowie optische Gleichmäßigkeit die Züchtungsziele. Viele der alten Regional- und Hofsorten halten diesen Anforderungen nicht stand. Und ihre Vielfältigkeit – die eben nicht immer die gleich großen und gleich geformten Früchte, Köpfe und Knollen – ist schon lange nicht mehr gewünscht.

Die alten Sorten gehen dadurch in großem Umfang verloren. Schätzungen zufolge sind seit 1900 etwa 75 Prozent unserer landwirtschaftlichen Kulturpflanzen ausgestorben.

Die alten Gemüsesorten sind samenfest

Die alten Gemüsesorten wurden über viele Jahre durch Kreuzung und Selektion auf bestimmte Eigenschaften gezüchtet. Diese Eigenschaften können Farbe, Geschmack, Form, Resistenzen, etc. sein. Vermehrt man diese Sorten über ihr Saatgut, erhält man in den nächsten Generationen Pflanzen mit denselben Eigenschaften – dies nennt man *samenfest* und *nachbaufähig*. Bevor die moderne Pflanzenzüchtung an Bedeutung gewann, war dies der Weg, um neue Sorten zu züchten oder bestehende Sorten weiterzuentwickeln.

Bei mit *F1* gekennzeichnetem Saatgut handelt es sich dagegen um Hybrid-Züchtungen, die nicht samenfest sind. F1 ist eine Kreuzung in erster Generation. Dabei werden zwei Sorten gekreuzt, und bei sortenreinen Eltern erhält man in dieser ersten Generation sehr einheitliche Nachkommen. Diese Einheitlichkeit macht sich die F1-Züchtung zunutze.

Vermehrt man diese Pflanzen jedoch weiter, tritt in der nächsten Generation – der F2 – die größtmögliche genetische

Aufspaltung auf und die genetischen Eigenschaften der Kreuzungspartner erscheinen in den Nachkommen in den verschiedensten Variationen. Eine Vermehrung von F1-Sorten mit ihren Eigenschaften ist somit nicht möglich. Saatgut einer bestimmten Sorte muss jedes Jahr neu gekauft werden.

Anpassung und Klimawandel

Dabei ist es genau die – nicht mehr gewünschte – genetische Vielfalt einer samenfesten Sorte, die es ihr erlaubt, sich an veränderte Anbaubedingungen anzupassen. Die Pflanzen passten sich früher an ihre regionalen Bedingungen an, und in Zeiten des Klimawandels ist diese Fähigkeit als Grundlage unserer Ernährung mehr als bedenkenswert. Lokal angepasste, samenfeste Nutzpflanzen verfügen zudem oft über gute horizontale Resistenzen und erlauben es, ohne Pestizide und chemische Düngemittel auszukommen. Abhängig von ihrer Anbauregion verfügen sie über Trockenheits-, Hitze- oder Kältetoleranzen. Sie sind daher wie geschaffen für die dringend notwendige Weichenstellung hin zu einer zukunftsfähigen, ökologischen Landwirtschaft.

Pflanzenzüchter und Saatgutkonzerne

In einer noch nicht allzu weit entfernten Vergangenheit teilten sich unzählige Züchter den Saatgutmarkt, mittlerweile sind es wenige multinationale Saatgutkonzerne. Bereits heute befinden sich 75 Prozent des weltweiten Saatgutmarktes in der Hand von zehn internationalen Konzernen. Und diese Konzentration schreitet fort. Kleine Züchtungsbetriebe können

nicht mehr konkurrieren und werden von den Riesen aufgekauft.

Die alten Züchter waren eng mit ihren Züchtungen verbunden. In den Sortennamen drückt sich der ganze Stolz und ihre
Liebe zu den von ihnen geschaffenen Kulturpflanzen aus. So
finden wir Königinnen und Kaiser, Schönheiten und Wunder
oder auch den Züchternamen in der Sortenbenennung wieder.

Die modernen Saatgutkonzerne arbeiten mit modernster
Züchtungstechnologie bis hin zur Gentechnik. Die Erzeugung
von Inzuchtlinien und Manipulationen auf Zellebene für das
gewünschte Züchtungsziel sind dabei keine Seltenheit. Züchtung muss profitabel sein, für Gefühle für eine Gemüsepflanze
ist hier kein Platz. Es werden Fließbandprodukte geschaffen,
selbst vor sterilen Züchtungen, die nicht mehr vermehrbar
sind, wird nicht haltgemacht. Ein amerikanischer Schamane
sagt dazu, dass solche Pflanzenkreationen Seelenanteile verlieren. Auch wenn man auf eine spirituelle Betrachtungsweise
verzichten will, ist die Entwicklung der Nutzpflanzenzüchtung
und des Saatgutmarktes problematisch.

Weltweit werden durch nicht vermehrbares Saatgut und
durch Nutzpflanzensorten, die mit Lizenzgebühren versehen sind, immer mehr Kleinbauern ihrer traditionellen Wirt-
schaftsweise beraubt und nicht nur in Abhängigkeit, sondern
allzu oft auch in die Aufgabe ihrer Ländereien und in die Ar-
mut bis hin zum Selbstmord getrieben.[1]

Ist Gärtnern Privatsache?

Betrachtet man diese Entwicklungen, ist Gärtnern – vor allem, wenn es um Gemüse geht – nicht mehr wirklich eine

Privatangelegenheit. Zwar kultiviert jeder Hausgärtner seine privaten Vorlieben in seinem Garten. Doch mit jedem Saatgut-tütchen und mit jeder Pflanze, die er einkauft, werden entweder Saatgutkonzerne und ihre Züchtungs- und Vermarktungs-methoden oder die Erhaltung unserer alten und samenfesten Gemüsesorten unterstützt.

Letztendlich bedeutet der Verlust unserer Kulturpflan-zenvielfalt den Verlust eines jahrtausendelang gewachsenen Kulturerbes und die Bedrohung einer unserer wichtigsten Le-bensgrundlagen. In diesem Sinne wünsche ich mir und uns allen viele Äcker und Gärten, in denen künftig wieder eine ins-pirierende Vielfalt wächst und gedeiht.

ANNETTE HOLLÄNDER

Der intensive Wunsch, mit und für die Natur zu arbeiten, hat die gelernte Farblithografin und Mediendesignerin nach langjähriger Tätigkeit in der Verlags- und Internetbranche dazu veranlasst, völlig neue berufliche Wege einzuschlagen. Durch die Ausbildungen zur Samengärtnerin und Natur-pädagogin hat sie sich die Grundlagen zur Erhaltungsarbeit mit unseren Kulturpflanzen sowie für pädagogische Tätigkei-ten angeeignet. Heute hält sie Seminare und Vorträge zu Sa-mengärtnerei, Nutzpflanzenvielfalt und Selbstversorgung im Biogarten. Über Verkostungen gibt sie Einblicke in die wohl-schmeckende Vielfalt alter Gemüsesorten. Daneben leitet sie Schulgartenprojekte und führt Schulklassenprogramme zu gesunder saisonaler und regionaler Ernährung sowie zu ver-schiedensten Natur- und Umweltthemen durch. Von den alten und besonderen samenfesten Gemüsesorten, die sie in ihrem Garten erhält und vermehrt, gibt sie Saatgut an interessierte Hausgärtner zur privaten Nutzung weiter. Saatgutangebote, Sortenbeschreibungen, Rezepte und viele weitere Informationen sind unter www.garten-des-lebens.de zu finden.

ENDNOTEN

1   *Vandana Shiva, Wissenschaftlerin und Umweltaktivistin, belegt in Studien die Folgen von gentechnisch verändertem Saatgut auf die Bauern: www.vandanashiva.com*

ELKE VON RADZIEWSKY

GÄRTNERN AM PULS DER NATUR

1. Rob Leopolds Saatliste

Es regnet Bindfäden, tage-, wochenlang. Die Kate von Rob und
Antje Leopold duckt sich tief ins flache niederländische Land,
oben, in der Nähe von Groningen. Die *Jungfern im Grünen*
vor den Fenstern lassen ihre Köpfe hängen. Vogelmiere und
Brennnessel strotzen vor Kraft. Ihnen nur recht, wenn der Juni
im Matsch versinkt. Was sich jeder Gärtner in solch kleinmüti-
gen Augenblicken wünscht, tut Rob Leopold im Sommer 1993.
Er hängt den Hacker in den Baum, lässt den Spaten stecken,
wo er steht, und macht Schluss. Soll wachsen, was will, Taub-
nesseln, Wegerich, mitunter sogar ein Knabenkraut, eine Erd-
orchidee vor simplen Binsen, welcher Florist könnte so etwas
besser auswählen. Alles ist gut.

Später erzählte er, er habe sich »wie ein reifer Apfel gefühlt, ins Gras geplumpst« – und dann ins Haus geholt, denn auch dort blieb der Garten das ewige Thema für ihn. Am Schreibtisch ging das Gärtnern weiter.[1] Nicht in Rabatten und Beeten, dafür in Absätzen und Seiten. Reihe für Reihe, ihm gefiel das Bild, das den Schreiber mit dem Gärtner vergleicht. Rob Leopold war der Motor, Animateur, Public-Relation-Agent und Pionier jener holländischen Gartenbewegung, die seit der Mitte der 1980er-Jahre immer mehr Deutsche, Engländer und Schweden in die holländischen Gärten brachte, um zu sehen, was da los war. Er war ein Leidenschaftlicher mit niemals nachlassender Begeisterung, egal, ob mit Gedankenblüten im Kopf, Händen in der Erde oder den Samen von Wildpflanzen auf dem Tisch vor sich, deren Vertrieb er organisierte. Wir könnten ihn also einen Kaufmann nennen. Oder einen Fachmann für naturnahes Gärtnern. Er war der Stimmführer einer Theorie des *Gärtnerns am Puls der Natur*. Er selbst verstand sich am liebsten als erster *unabhängiger Gartenphilosoph*.

Die Landschaft an das Haus heranführen

Fast jedes Kind weiß, dass in Holland Tomaten ebenso wie Sonnenblumen fabrikmäßig entstehen. Angetrieben von Nährlösungen, unter künstlichem Licht, in windfreien Räumen. Das Land erscheint dem, der es bereist, sei es vor 40 Jahren oder heute, zur Hälfte für die Anzucht der Supermarkt-Gemüse unter Glas zu stehen. Wo keine spiegelnden Scheiben zu sehen sind, bedecken im Mai blühende Tulpen den Boden, hektarweise in Rot, Gelb und Weiß sortiert.

Die Gartenbewegung, die hier in den 1980er-Jahren im Gegenzug zur mächtigen Pflanzenindustrie startete, heißt seit noch gar nicht langer Zeit *Dutch Wave*, um sie in einem Atemzug mit dem *New German Garden Style* (das bekannteste Beispiel ist der erst von Urs Walser, heute von Cassian Schmidt betreute Hermannshof in Weinheim) nennen zu können – und dem *New American Style*, den es in diesem Kanon gibt, seitdem die *High Line* in New York Touristenattraktion Nummer eins geworden ist.

Es geht um den Anteil von Natur im Garten, um die Natürlichkeit des Gartens – eine Idee, die sich wie ein roter Faden durch das 20. Jahrhundert zog, die hier und da scheinbar unverbunden sichtbar wurde und selten ohne Widerspruch blieb. In der Schweiz definierte Eduard Neuenschwander (1924 bis 2013) den Gärtner als *Sozialarbeiter der Natur* und forderte damit Dieter Kienasts (1945 bis 1998) Polemik gegen den *Ökokitsch* auf Garagendächern heraus. In Frankreich arbeitete Gilles Clément (geb. 1943) an seiner Idee des *Jardin en mouvement* und präsentiert sie in dem gefeierten *Parc André-Citroën* in Paris neben den streng architektonischen Gärten von Allain Provost (geb. 1938). In Deutschland hatte man zwar die Erinnerung an einflussreiche Gestalter wie Otto Valentien (1897 bis 1987), Wilhelm Hübotter (1895 bis 1976) und Adolf Haag (1903 bis 1966, bei ihm lernte Gustav Lange, der den Berliner Mauerpark entwarf) verdrängt, die, mit dem Gedanken, der Garten solle »mit einfachsten Mitteln die Landschaft ans Haus heranführen«[2], vor, im und nach dem Dritten Reich Gärten gestalteten. 1938 postulierte Otto Valentien: »Der Feinschmecker unter den Pflanzenliebhabern zieht die Wildstaude den überzüchteten Formen gleicher Art vor.« Aber man erinnerte sich an den noch eine Generation älteren Gartengestalter Willy Lange (1864 bis 1941) und seine Lehre von den *Naturbildern im Garten*, seinerzeit von Hermann Muthesius als unpraktisch und »Gipfel der Lächerlichkeit« verrissen. Und da war noch Richard Hansen (1912 bis 2001), der als Schüler des Feldbotanikers und Pioniers der Pflanzensoziologie Reinhold Tüxen (1899 bis 1980, u. a. Berater von Alwin Seifert bei der Gestaltung der Reichsautobahnen) eine von Kennziffern geleitete Theorie des Gärtnerns nach den Lebensbereichen der Gewächse formulierte (1971, 1981). Zu kompliziert für eine breite Wirkung, aber sozusagen wissenschaftlich, gelehrt, attraktiv für alle, die Ordnungen, Theorien und Systeme lieben.

Hippie, Händler, Philosoph

So einer war Rob Leopold nicht, in dessen Leben die Wurzeln für ein knappes halbes Jahrhundert Gartengeschichte stecken. Er war ein Nachkriegskind, geboren im November 1949. Mit 15 Jahren las er Camus und Sartre, sah im Kino *Hiroshima, mon amour* und hatte das Gefühl, das Leben verhöhne ihn. »Liebe? Lächerlich in einer Welt, in der es Konzentrationslager und Atombomben gab.« Dann kamen die 60er-Jahre, und plötzlich wurde die Welt bunt. Die Blumenkinder steckten sich Blüten ins Haar, erweiterten das Bewusstsein mit Meskalin und LSD und reisten nach Kathmandu. *Freedom to the people*, freedom to the plants. In Englands manikürten Parks explodierten *Seed bombs*. The Jackson Five sangen *We can change the world*.

Um das zu tun, ging der eine nach Peru, um zu weben, färbte ein anderer Wolle, und Rob Leopold betrieb in Groningen einen Laden für Stoffe aus Naturfasern, die er in Thailand, Indien und Nepal fand. Dabei begann er auch, vergessene Pflanzen zu suchen. Zuerst Kräuter, mit denen man färben konnte, dann alte Medizinalpflanzen, Wildkräuter und Gemüse. Zur Keimzelle seiner friedlichen Revolution wurde schließlich die Firma *Cruydt-Hoeck*, die er 1978 gründete und die, einmalig zu der Zeit, Saat von Wildpflanzen vertrieb, später auch ausgelesene, verfeinerte Sorten von einjährigen, zweijährigen Blumen und Gräsern. Vom Hippie zum Naturgärtner – das war der Weg, den Rob Leopold in den 70er-Jahren ging.

In den Achtzigern lernte er Piet Oudolf, den späteren Rockstar der *Dutch Wave*, kennen, auch Romke van de Kaa, Henk Gerritsen, Harry Kramer, Coen Jansen und Ton ter Linden und andere Menschen, die dem Flecken Erde verhaftet waren, auf dem sie arbeiteten, Berufsgärtner, Züchter und Künstler. Wie Rob Leopold hatten sie eine frische Vision vom Garten: Sie experimentierten mit naturbelassenen Pflanzen, polemisierten gegen hochgezüchtete Iris oder Rittersporne als Dekoration im Garten. Rob Leopold wollte ihr Chronist, ihr Agent und Medium sein. Im ganzen Land suchte er Spezialgärtner oder, wie sie sich nannten, *traditionelle Gärtner*, tauschte sich mit ihnen aus, veröffentlichte ihre Adressen, drehte Fernsehfilme, konspirierte mit Gartenbuchautoren, veranstaltete Symposien, brachte Gärtner mit Botanikern zusammen. Den orthodoxen Grünen war er meist um Längen voraus: Bauerngartenpflanzen, bunte Blumenwiesen, er hatte die Felder schon beackert, während andere noch dabei waren, den Spaten zu schärfen.

Von Beginn an führte er das Protokoll der Gartenbewegung, notierte in einem Tagebuch jedes Gespräch, jedes Ereignis. Doch das wirksamste Werk des unabhängigen Gartenphilosophen war *De dikke Zadenlijst* (Die dicke Saatliste). Sie war die Basis, der Stoff, aus dem die neuen Gärten entstanden und deren Texte andere befeuerten. Sie enthielt, was Rob Leopold »wirkliche Pflanzen« nannte. Er hatte sie erst als Namen in alten Büchern, Katalogen und Listen aufgespürt, sie dann in botanischen Gärten, bei Züchtern, Pflanzensammlern, wo immer möglich, ausfindig gemacht, sie auf den Feldern hinter seinem Haus ausgesät, getestet, beschrieben, bejubelt und in seiner *Dikken Zadenlijst* zum Kauf angeboten.

Der Stoff, aus dem die neuen Gärten sind

Ambrosiana mexicana, zierlich, grün, einen Meter hoch und mit einem exotischen Weihrauchduft. *Nigella*, alle Sorten, die zu finden sind und für schön befunden wurden. *Digitalis ferruginea*, der Fingerhut mit den beigen Blüten und dem braun geäderten Schlund. Keine grazile, sondern eine stolz aufragende Pflanze, etwas für Leute, die genau hinschauen. Genauso wie die pergamentfarbenen *Astrantien*, die silbrigen *Artemisien*, bronzefarbenes *Fenchelkraut*: lauter wild anmutende, teilweise aromatische Pflanzen in delikaten Farbabstufungen. Rob Leopold nannte die Abstufungen »Gradienten« und machte sie zu einem Pfeiler seiner Philosophie. Zwischentöne sehen, sie verstehen, nicht vom Knallgelb der Blaukorn-Petunie und dem Feuerwehrrot der Mast-Lobelien die Sinne wirr machen lassen, nicht den Massenaufrufen folgen. »Können wir denn nur noch die Signalkraft von Straßenschildern und

Reklametafeln wahrnehmen?«, fragte er. »Fahren wir ständig mit hundert Stundenkilometern Geschwindigkeit durch die Landschaft, blind für die Eleganz, mit der sich der Grashalm unter dem Gewicht des Käfers biegt?« Der Garten sollte mit seinen Pflanzen das Leben lehren.

Wer mit ihm sprach, fühlte, wie ihm das Herz überlief. Am liebsten hätte er die ganze Natur umarmt, plätscherte selbst dahin wie ein Bach, raschelte wie eine Pappel im Wind, verlor sich auf Hollands weiten Wiesen. Er konnte in Gesprächen nicht still sitzen, sprang und tanzte wie ein Faun. Sein Redefluss glich dem Wasser auf einem Mühlrad. Wollte der nicht endlich mit, der grobe Klotz, sein Gegenüber? Das waren die 90er-Jahre. Mit 900 Arten und Sorten erschien *De dikke Zadenlijst* 1998 zum letzten Mal.

2. *Romke van de Kaas Wiese*

Im Frühsommer 2005 starb Rob Leopold. Solange er da war, lebte, von ihm umgetrieben, in die Welt posaunt und organisiert, die holländische Gartenbewegung, sein *we can change the world*. Es gab die Gruppe der traditionell arbeitenden Feingärtner mit ihren ehrgeizigen, naturnahen Sortimenten und seit 1992 die *Perennial Perspectives*, ein Zusammenschluss von Professionellen, die sich trafen und austauschten, neben Gärtnern waren darunter auch Gestalter aus England, Deutschland, Schweden und Holland. Rob Leopold hatte die Gründung dieser Gruppe maßgeblich forciert. Sie existiert noch heute, doch ihre Webseite erzählt nichts mehr von ihrer Entstehungsgeschichte. Denn die Gartenbewegung, so wie sie in Rob Leopolds Vision aussah, versiegte mit seinem Tod, vielleicht war sie sowieso nur da, weil er sie wollte. Fragt man heute einen der kritischen Augenzeugen von damals, einen, der eine Zeit lang beteiligt war, den niederländischen Gärtner und Gartenautor Romke van de Kaa, dann hat es eine von Holland ausgehende Gartenbewegung niemals gegeben.

Englisches Vorbild, deutsche Tradition

Romke van de Kaa studierte Biologie, dann Psychologie, stieg aus der akademischen Welt aus, wechselte 1973 ins heilige Land der Gartenkultur und arbeitete im englischen Wisley, einem der vier Zentren der *Royal Horticultural Society*. Er lernte Beth Chatto kennen, die berühmte Pionierin des ökologischen Gärtnerns, war von 1975 bis 1979 Head Gardener bei Englands furioser Gartenikone Christopher Lloyd in dessen Garten *Great Dixter* in East Sussex, im Süden Englands und schließlich noch ein Jahr im irischen Lismore. Mit dieser hochkarätigen Ausbildung, seinen vielen Kontakten und einem Sortiment Pflanzen kehrte er nach Holland zurück, traf auf Piet Oudolf und gründete 1981 mit ihm *Hummelo*, eine bald über die Grenzen von Holland bekannte Gärtnerei. Heute wird sie als Keimzelle, schon fast eine Art Künstlerkolonie wie Barbizon oder Worpswede der *Dutch Wave* angesehen. Die Kooperation hielt nur bis 1985. Eifersucht – »Wer ist der gefragteste Gärtner im Land?«, so Romke van de Kaa, trieb sie auseinander.

Für Romke van de Kaa, der sich in England kundig gemacht hatte, der mit Christopher Lloyd deutsche Avantgarde-Gärten wie den *Westpark* in München mit Staudenpflanzungen von Rosemarie Weisse besucht hatte, war und ist die sogenannte

Dutch Wave ein Hype, Gerede. Denn schon Jahre zuvor hatte er bei Christopher Lloyd und der heute über 90 Jahre alten Beth Chatto bereits Wege eines in die Tat umgesetzten naturbezogenen Gärtnerns kennengelernt. Beth Chattos Bücher, in denen sie über ihren niemals zu wässernden Kiesgarten oder ihren Schattengarten schrieb, machten sie weit über England hinaus zu einer Koryphäe.

»Pflanzen wie Menschen«, so ihr Plädoyer, »haben ihre Vorlieben und wollen nicht in das nächste verfügbare Loch gesteckt werden.« Die Frage, die der Gärtner zu stellen hat, heiße also immer: »Welche Voraussetzungen gibt es für die Pflanzen?« Beth Chatto lenkte den Blick weg von protzig pompösen Blüten hin zu den Blättern und Saatständen.[3] Interessant: Für den Start ihrer 1978 gegründete Gärtnerei *Unusual plants* versorgte sie sich mit Pflanzen bei Helene von Zeppelin in Sulzburg, nicht weit von Freiburg im Breisgau, damals eine der führenden deutschen Gärtnereien. Mehr noch: Ihr Mann Andrew, der ihr bei der Anlage ihres Gartens half, war, auch wenn er selbst nicht Deutsch lesen konnte, ein Anhänger jener von Reinhold Tüxen und dann Richard Hansen formulierten Pflanzensoziologie, die für ein Gärtnern plädiert, das sich an den Lebensbereichen der Pflanzen orientiert.[4]

Die schlanke Form des Gärtnerns

Nachdem Romke van de Kaa aus dem Unternehmen *Hummelo* ausgestiegen war, gründete er in Dieren, nicht weit von Apeldoorn und 15 Kilometer von Hummelo entfernt, eine neue Gärtnerei, schrieb Artikel und Bücher, wurde ein populärer Kolumnist und erwarb sich den Ruf, der entspannteste

Gärtner Hollands zu sein: »Wenn Sie keine Zeit haben, überlassen Sie Ihren Garten sich selbst. Ein verwilderter Garten ist kein Dschungel oder Chaos. Er ist nur die schlankere Form des Gärtnerns.«

Seit 13 Jahren experimentiert Romke van de Kaa abseits von *Dutch Wave* und *New German Garden Style* mit seinem großen Projekt. Es liegt hinter seinem kleinen uralten Haus, direkt vor bodentiefen Fenstern: eine Wiese, ausgebreitet wie auf einer Bühne. Das Land war ein Schuttabladeplatz, er ließ »eine große Maschine alles plattmachen«. Brombeeren, Brennnesseln und Disteln übernahmen das Gelände. Er mähte, vier Jahre lang, »so wie man das macht, wenn man einen netten Rasen anlegen will«.

Im fünften Jahr begann er Schneeglöckchen und andere Zwiebelblumen zu setzen. Von da an hieß es für das Mähen: Rücksicht auf die Vegetationszyklen der Pflanzen nehmen, um sie nicht gleich wieder zu verlieren. »Ich habe gezählt: sechs Wochen von dem Zeitpunkt an, wenn die letzten Narzissen blühen.« Meist wurde es Juni. Ein paar Jahre später pflanzte er Storchschnabel- und Salbei-Arten dazu. Das schob den Termin fürs Mähen weiter hinaus. Schließlich säte er auch noch Orchideen, Dactylorhiza, Knabenkräuter, in unterschiedlichen Arten. Damit wurde es August. Die so spät im Jahr hart und holzig gewordenen Wiesenkräuter bewältigt kein normaler Rasenmäher mehr. Für das erste späte Abschneiden bestellt Romke van de Kaa inzwischen jedes Jahr eine schwere Maschine. Danach zockelt er in wöchentlichen Abständen über die Wiese, legt eine Pause ein, wenn die Herbstkrokusse blühen, und schert die Gräser im November ein letztes Mal.

Romke van de Kaas Wiese ist ein ständiger gärtnerischer Prozess und ein Lehrstück der Natur in Bezug auf Gruppendynamik, abhängig von der Bodenchemie, von speziellen Pflanzen- und Tiergemeinschaften. Er versucht immer Neues, »manches wächst gar nicht erst, anderes verschwindet nach einer Zeit wieder«. Schwierig ist es mit dem Aussäen. Gräser werfen Schatten, Keimlinge kommen dagegen nicht an. Es sei denn, man nimmt, was die Wiese bietet: Ameisenhaufen und Maulwurfshügel. »Manche Pflanzen, einige Veilchen etwa, gedeihen in keiner anderen Erde.« Besser als Säen ist Pflanzen: Blumenzwiebeln etwa, Fritillarien, botanische Tulpen, Tulipa sprengeri und clusiana, Allium, Anemonen, Camassia, ebenso staudige Storchschnäbel und Salbei.

Er nutzt auch die Überlebensstrategie eines Halbparasiten. Der gelb blühende *Rhinanthus*, auf Deutsch *Klappertopf*, ernährt sich von verschiedenen Wiesenkräutern. Er zieht, wenn er seinen Wirt ausgezehrt hat, zu den nächsten noch kräftigen Exemplaren. Zurück bleiben kümmernde Gräser, zwischen denen Wildblumen gedeihen.

Kein Jahr des Wiesenexperiments glich bisher dem anderen. In einem Sommer gab es Ampfer wie noch nie und mit ihm Singvögel: »Zeisig, Grünfink, Buchfink, Bergfink, Stieglitz, ich hab nicht gewusst, wie viele Vögel hinter der Rumex-Saat her sind.« Das Fernrohr auf dem Tisch, ein Bestimmungsbuch für Vögel daneben, die gärtnerisch hergestellte Wiese ist für van de Kaa das Gegenteil eines fixiertes Busch-, Baum- und Blumenbildes: Sie ist sein Naturkino, ein Film, an dessen Drehbuch er ständig beteiligt ist.

3. Piet Oudolfs Matrix

Der Weg von van de Kaas ehemaligem Partner Piet Oudolf führte in die internationale Designwelt. Einer seiner ersten Schritte war die Veröffentlichung des Buches *Droomplanten* Ende der 90er-Jahre, das er und Henk Gerritsen (1948 bis 2008) gemeinsam herausbrachten.[5] Gerritsen war wie Rob Leopold ein philosophischer Kopf und Begründer der berühmten Gartenanlage *Priona Tuinen*, auch Gestalter von Nicky und Strilli Oppenheimers *Waltham Place* im englischen Berkshire. Gerritsen formulierte eine Theorie über die *geträumte Natur* und das Gärtnern an der Grenze zur totalen Wildnis, die nur von Meistern zu erreichen und zu erhalten war: »Ein solcher Garten wird seinen Besitzer nicht überleben.«[6] Was auch bedeutet, dass das Gärtnern in Naturnähe immer ein individueller Weg ist.

Der Code der guten Pflanzen

Droomplanten stellte eine Kollektion der Gewächse in Fotoporträts, Pflanzungen und mit Kombinationsschlüsseln vor, um die es seit den 80er-Jahren ging und die zur Basis von Piet Oudolfs *Design-Matrix* wurden: In dieser wurde der Garten zunehmend straffer organisiert, in einer Auswahl von staudigen Pflanzen, die, »stark wie Sträucher«, sich gegenseitig in Schach halten. Schnell verwandelte sich die anfängliche Vielfalt, die nicht endende Variation von Gräsern, Kräutern, Blumen in Millefleur-Dickichten zu einer Art *Code der guten Pflanzen*. Einige davon wurden zu Markenzeichen: dunkelrote *Astrantien*, *Monarden*, *Silberkerzen*, distelartiges *Eryngium*, auch *Gillena trifoliata* gehören dazu.

Doch noch immer ist es das Argument der Naturnähe, das seine Anhänger begeistert. Piet Oudolf designte die Bepflanzung der *High Line*, jener Bahntrasse auf Stelzen, die durch Teile von Manhattan führt und auf der sich allerhand Kraut angesiedelt hatte, ein wildromantisches Moment, das viele Städter fasziniert. Beraten von dem Deutschen Cassian Schmidt, der im Hermannshof in Weinheim Daten über die Langlebigkeit und den Pflegeaufwand bestimmter Pflanzenkombinationen sammelt, entwarf Piet Oudolf eine gezähmte Wildnis. Er bepflanzte auch das Atrium in Peter Zumthors *Serpentine Pavilion* 2011 in London und entwarf eine Staudenwiese für die Galerie *Hauser & Wirth* im englischen Somerset, die die Skizzen – »ein Patchwork aus Farben und Symbolen« – zu seinem Gartenentwurf als Teil einer Ausstellung zeigt. Weil die Wiese spektakulär und dauerhaft sein sollte, nutzte er explizit Pflanzen, die sich nicht gegenseitig Konkurrenz machen, die sich nicht aussäen, die nach der Blüte nicht sterben: »The meadow isn't wild, it's all in groups, like you see on the drawing.«[7]

Ein Höhepunkt seiner Arbeit ist der Entwurf des *Lurie Garden* in Chicagos *Millennium Park*. Ein ausschließlich mit Stauden nachempfundenes Stück Prärie auf dem Dach eines gigantischen Parkhauses, saftig, farbig, attraktiv und vor der Skyline aus Wolkenkratzern hochdekorativ. Die *New York Times* rühmt ihn als »the Dutch Prince of a new, highly artistic style of planting«[8].

Die Wiese ist nicht wild

Spektakulär, *artistic*, fehlt nur noch *dekorativ*: die Worte, die Piet Oudolfs Gärten beschreiben, sind verräterisch. Denn genau diese Worte waren die scharfe Klinge, die man in den 8oer-Jahren gegen die Rosen-Dahlien-und-Gladiolen-Gärten richtete. Und an deren Stelle die Gärtner-Philosophen ein bewegliches, mit naturnahen Pflanzen besetztes und Naturprozessen angeglichenes Gärtnern mit all seinen Gradienten und Zwischentönen rücken wollten.

Auch wenn die *High Line* inzwischen geschätzte fünf Millionen Besucher im Jahr begeistert, gibt es kritische Stimmen. Sie weisen zum einen auf den Effekt hin, den diese Schmuckborte aus Gräsern und Kräutern auf die anliegenden Immobilien hat: eine Supergentrifizierung, die vertreibt, was einmal war. Sie schildern das Gefühl, das sich einstellt, wenn die Menschenmengen schnurgerade vom Anfang der Trasse zum Ende durchgetrieben werden, als befände man sich in einer Warteschlange vor der Flughafenpasskontrolle. Und manchem fällt auf, dass die sorgfältig geplante, künstlich bewässerte, von Millionen beschaute Version verglichen mit der wilden Schönheit, die es gab, als alles noch sich selbst überlassen war, nicht mehr als ein Abziehbild ist, »a fairly stifling, uncreative experience«[9].

Anders der *Lurie Garden* in Chicagos *Millennium Park*. Er wurde hochgelobt für die Auswahl der Gewächse (viele aus dem umliegenden Bundesstaat Illinois) und den sichtbar werdenden Ablauf der Jahreszeiten: Pflanzen verblühen, Gräser verdorren, Farben verändern sich, Blattstrukturen werden wichtig. Das Projekt wird wissenschaftlich begleitet; und doch zählt auch hier die Wirtschaftlichkeit, es gibt keine einjährigen Pflanzen, keine Gewächse, die den Garten unplanbar machen. Stattdessen große Gruppen gleicher Pflanzen, Trupps von Echinaceen, Massen von leicht zu handhabenden Salbeisorten. So gesehen unterscheidet sich Piet Oudolfs Matrix ausgesuchter Gewächse der Prärie oder Steppe oder sonst etwas Wiesenartigem immer weniger von den im 19. Jahrhundert ausgelegten Pflanzmustern für Teppichbeete. Dem Gegenteil dessen, was die Gartenbewegung einmal wollte.

Natur liefern

Denn Natur ist kein Bild, sondern ein Prozess. Das erhebt das Gärtnern über die Landschaftsmalerei, die praktische Erfahrung über das reine Anschauen. Eine Philosophie des Gärtnerns muss man leben, sie kann nur aus praktischem Tun erwachsen, so wie es Romke van de Kaa mit seiner Wiese macht: Immer wieder und immer neu, ständig staunend und forschend, die Zwischentöne beobachtend, die Rob Leopold beschwor und bejubelte und wofür er die Zutaten und damit quasi eine Gebrauchsanweisung und Theorie lieferte: die Gewächse seiner *Dikken Zadenlijst*.

Piet Oudolf hat dagegen den naturnahen Garten zu einem Produkt gemacht, das er liefern kann, Pflanzenkombinationen, die möglichst sicher funktionieren. Er verfeinert und verbessert sie nach optischen Maßstäben und damit sie der gestellten Aufgabe gerechter werden, *Natur* bereitzustellen. Aber die Überschrift *Natur* allein reicht nicht: Man kann Naturerfahrung nicht in Formeln stecken, man muss das Prinzip praktizierter Naturnähe ernst nehmen.

Der Gärtner wehrt sich

In den letzten Jahren seines Lebens hat Rob Leopold zunehmend gezweifelt. Etwa dann, wenn er aus seiner *Dikken*

Zadenlijst Saat liefern sollte zum Begrünen gigantischer Mülldeponien in Amsterdam: Wildpflanzen als Dekoration von Umweltsünden? Auch sein Dasein als überschwänglicher Faun inmitten der Natur geriet ins Wanken, als die Stadt Groningen in der Nähe seines Hauses eine Umgehungsstraße plante und schwere Baumaschinen begannen, das Land umzuwühlen. Rob Leopold hat sich gewehrt, auf seine Weise, mit den Mitteln des Gärtners: Er hat Koppeln als Pufferzone gekauft, hat den Spaten wieder in die Hand genommen, Boden urbar gemacht und Blumen gesät.

ELKE VON RADZIEWSKY

Elke von Radziewsky hat Germanistik und Kunstgeschichte studiert, arbeitet als Redakteurin und Autorin und bewirtschaftet mit ihrem Mann einen großen Garten. Sie verfolgt ihr theoretisches Interesse am Garten, indem sie mit möglichst vielen der interessantesten Gärtner und Landschaftsarchitekten selbst spricht, um zu verstehen, was sie tun, und sich zeigen zu lassen, was gesehen werden soll.

ENDNOTEN

1   *Die erzählenden Passagen mit Original-Zitaten von Rob Leopold und Romke van de Kaa sind folgenden Reportagen entnommen: Elke von Radziewsky, »Rob Leopold, Gärtner und Guru«, A&W Architektur & Wohnen, Hamburg 2/2000 und Elke von Radziewsky, »Romke van de Kaa, Das Glück ist ein Grasfeld«, A&W Architektur & Wohnen, Hamburg 3/2013.*

2   *Otto Valentien in: »Garten und Landschaft«, München März 1962, S. 74 – 75.*

3   *Von Beth Chatto u. a. erschienen: The dry garden, 1978; The damp garden, 1982; Beth Chattos Gravel garden, 2000.*

4   *Richard Hansen, Friedrich Stahl, »Die Stauden und ihre Lebensbereiche in Garten und Park«, Eugen Ulmer Verlag, Stuttgart 1981; ins Englische übersetzt unter dem Titel »Perennials«.*

5   *Piet Oudolf, Henk Gerritsen, »Droomplanten«, Terra-Lannoo, Uitgeverij, DK Houten 1992.*

6   *Henk Gerritsen, »GartenManifest«, Eugen Ulmer Verlag, Stuttgart 2014.*

7   *»Blueprint« in: »Design Curial«, London 13. November 2014.*

8   *Dominique Browning, »Hummelo, a Journey through a plantman's life«, in: »New York Times«, New York 29. Mai 2015.*

9   *»Brown Daily Herald«, Brown University in Providence, Rhode Island 30.09.2015.*

DIETER WANDSCHNEIDER

ZUR METAPHYSIK DES GARTENS[1]

1. Einleitung

Metaphysik ist das philosophische Nachdenken über Grundfragen irdischen und göttlichen Seins. Wenn hier von einer ›Metaphysik‹ des Gartens die Rede ist, so scheint das, im Blick auf etwas so Alltägliches wie ›Garten‹, zu hoch gegriffen. Die eigentlichen, ›großen‹ Themen der Philosophie betreffen Kant zufolge Menschheitsfragen: Was kann ich wissen? Was soll ich tun? Was darf ich hoffen? Was ist der Mensch? Die hier anstehende Frage: ›Was ist ein Garten?‹ ist nicht darunter.

Zweifellos gibt es philosophische Probleme, die drängender sind als dieses, weil sie unsere Existenz und unsere Welt betreffen. Im Vergleich damit mag eine Philosophie des Gartens weniger dringlich erscheinen. Doch ihr Charme ist vielleicht gerade, den Ernst des Lebens einmal auszuklammern und sich ›unernste‹ Fragen zu gestatten, die freilich, wie sich zeigen wird, unversehens auch Grundfragen unseres Seins berühren – Fragen, wie sie typischerweise im ›Garten der Philosophie‹ auftreten.

›Philosophie des Gartens‹ – ›Garten der Philosophie‹: Auch die Umkehrung hat einen guten Sinn, sind doch Gärten und Parks seit je immer auch Orte philosophischer Kontemplation gewesen. Prominente historische Exempel für Gärten als Stätten des *symphilosophein*, also gemeinsamen Philosophierens, sind Platons *Akademie* im Hain des griechischen Heros Akademos, Aristoteles' *Peripatos*, die berühmte Wandelhalle im Park Lykeion und Epikurs Philosophengarten *Kepos* – Orte im Athenischen Horizont, an denen erdacht wurde, was Europa geistesgeschichtlich bis in die Gegenwart hinein bestimmt. Und auch heute werden philosophische Studien und Symposien gern in schöne Garten- und Parkumgebungen verlegt – beispielsweise Capri, Ravello an der Amalfiküste, die ›Académie du Midi‹ in Südfrankreich oder die Rockefeller-Stiftung ›Bellagio Center‹ auf der Halbinsel im Comer See. Warum aber sind Gärten Orte der Kontemplation?

2. *Natur und Gestaltung*

Wesensmäßig existiert der Garten in der Spannung von *Natur* und *Gestaltung*. Er ist nicht einfach Natur im Sinn von Wildnis, die von selbst da ist. Aber auch kultivierte Naturformen – Acker, Wiese, Wald etc. – sind nicht Gärten, weil ihnen das Moment *künstlerischer Gestaltung* fehlt. Gestaltung ist somit ein konstitutives Moment des Gartens. Doch ebenso wesentlich ist er *Natur* und damit den Bedingungen organischen

Gedeihens unterworfen. Dieses Zusammenwirken von Natur und Gestaltung bildet im vorliegenden Zusammenhang die zentrale Perspektive.

Nun ist das angestrebte Gestaltungsideal seit je der *schöne Garten*. Christian Illies hat in einem inspirierenden Textbeitrag zur Bamberger Hegelwoche 2012 die Frage gestellt, warum die Gartengestaltung die Wendung der modernen Kunst zum *Hässlichen* nicht mitvollzogen hat: Auch heute werden Gärten und Parks nicht als Müllhalden oder visuelle Provokationen gestaltet, sondern weiterhin nach dem traditionellen Schönheitsideal – das der *modernen* Kunst und Kunstphilosophie freilich als *harmonistisch* und damit als obsolet gilt.[2]

Illies' Statement, dass die *Gartengestaltung* eher dem traditionellen Schönheitsideal verbunden ist, ist sicher zutreffend, ebenso wie die dafür angeführten möglichen Gründe – evolutionäre Prägung des Menschen, Erholungszweck, Eigengesetzlichkeit des Organischen, moderesistente Dauer von Gärten, sinnen- und gefühlsbestimmtes Verhältnis zu ihnen. Aber interessanterweise haben alle diese genannten Hinsichten nichts mit dem Schönheitsbegriff zu tun, den Kants Ästhetik kanonisiert hatte, demzufolge das Schöne *interesseloses Wohlgefallen* in uns auslöst. Die angeführten Gründe haben pragmatischen, also *interessegeleiteten* Charakter, und der an zweiter Stelle genannte Grund, wonach der Garten den Menschen »Erholung und Entspannung bieten, das Erleben von Natur ermöglichen und schöne Eindrücke gewähren« solle[3], identifiziert die Wirkung des Gartens ausdrücklich mit dem *Angenehmen*, das Kant zufolge eben *nicht* das Schöne ist. Nun ja, man muss als Garten-Ästhet vielleicht nicht Kantianer sein. Dennoch bleibt hier eine Frage offen, auf die ich am Schluss noch zurückkommen möchte.

Hinsichtlich der erwähnten Spannung von *Natur und Gestaltung* ist zum einen das *Naturmoment* des Gartens wesentlich, die autonome, ursprüngliche Kraft des Lebendigen. Zum anderen ist der Garten aber auch *gestaltete* Natur, *Kunst*. Damit stellt sich die grundsätzliche Frage, was die Gestaltung der Natur *hinzufügt*. Was hat der Garten *mehr* im Vergleich mit der wilden, ursprünglichen Natur? Ist es die *Schönheit* des Gartens? Und wenn ja: schön im Sinn dessen, was *Naturschönheit* genannt wird, oder im Sinn ihres Gegenpols, der *Kunstschönheit*? Die klassische Ästhetik hat beide Formen der Schönheit immer wieder kontrovers diskutiert und mal der einen, mal der anderen den Vorzug gegeben.

Im Blick auf die Gartenkunst bereitet die gestellte Frage eine gewisse Verlegenheit. Denn der Garten ist, wie gesagt, sowohl Natur als auch Kunst. Zum einen ist seine Schönheit die der Blumen, Ziersträucher und Bäume. Zum anderen ist das Gestaltungsmoment von eminenter Bedeutung, denn ohne das hätten wir keinen Garten, sondern eine Naturlandschaft. Beides, Natur und Kunst, soviel ist sicher, ist hier wechselseitig füreinander da.[4] Das gestaltende Arrangement bereitet gleichsam die Bühne für den Auftritt der Natur. Rosen in der Wildnis erblühen und verblühen – einfach ein Naturprozess. Der Garten hingegen ist die Präsentation und Feier ihrer Schönheit. Erst so kann die Natur in ihrer Wahrheit erscheinen.

Hat Kunst mit dem Erscheinen von Wahrheit zu tun? Man denke etwa an Heideggers Deutung des griechischen Tempels: »Dastehend ruht das Bauwerk auf dem Felsgrund. Dies Aufruhen des Werkes holt aus dem Fels das Dunkle seines ungefügen und doch zu nichts gedrängten Tragens heraus. [...] Das sichere Ragen macht den unsichtbaren Raum der Luft sichtbar.«[5] »Kunst gibt nicht das Sichtbare wieder, sondern macht sichtbar«, hat Paul Klee gesagt.[6] In der Tat, durch das gestaltete Werk des Tempels kommt das Tragende des Felsens erst als solches zur Erscheinung ebenso wie die lichte Höhe des Himmels als sein Gegenpart. Die Gestaltung lässt die Natur *als Natur*, lässt sie in ihrer *Wahrheit* erscheinen. Doch was ist die ›Wahrheit‹ der Natur? Das Blühen der Rose ist in der Gestaltung des Gartens, wie gesagt, *mehr* als bloß ein Naturprozess: *Hier* ist sie *schön*. Das, was sie potenziell immer schon ist, kommt im Garten zur *Erscheinung*: ihre Wahrheit als Rose, und das heißt ihre *Schönheit*.

Platon hat den Begriff des Schönen mit dem des Wahren und des Guten verbunden.[7] Eine gute Rose ist so in Wahrheit eine schöne Rose. Schön ist danach, was gut, was von Mängeln gänzlich frei ist. Als solches freilich hat es in der *realen* Welt eigentlich keinen Ort, sondern besitzt, so Platon, *ideelle* Seinsart und ist deshalb nur geistig fassbar. Dass gleichwohl dieses Ideelle immer wieder an Sinnlichem aufscheint – etwa in Gestalt einer schönen Rose –, widerspricht dem nicht: Schön ist die Rose in unserer Betrachtung, also in der geistigen Perspektive. Sie selbst *ist* nur schön, aber sie weiß nichts davon, sie selbst vermag dieses an ihr erscheinende Ideelle nicht zu erfassen.

Dass das Schöne ideelle Seinsweise besitzt, bedeutet aber nicht, dass es *begrifflich-logische* Erkenntnis erfordert. Es *gefällt* einfach. Kant führt das *ästhetische Urteil* bekanntlich auf einen »Gemütszustand« zurück, der auf dem »freien Spiele der Einbildungskraft und des Verstandes« beruht, und das heißt, dass die Einbildungskraft dem Verstand gewissermaßen in die Hände arbeitet. Diese »Harmonie der Erkenntnisvermögen« sei es, die »Wohlgefallen« bereite.[8]

In der Nachfolge Kants hat Hegel es unternommen, den Schönheitsbegriff im Rahmen seines idealistischen System- entwurfs neu zu fassen. Wird bei Kant das Schöne vom ›Ge- mütszustand‹ her, also *subjektiv* gedeutet, wird es von Hegel *ontologisch*, also hinsichtlich seiner Seinsweise bestimmt. He- gels berühmtes Diktum, das Schöne sei »das sinnliche *Schei- nen* der Idee« pointiert – insofern an Platon anknüpfend – den *ideellen* Charakter desselben.[9] Doch Hegel spricht von *der Idee*, Idee im Singular, nicht von pluralen ›Ideen‹ wie Platon. Die so verstandene ›Idee‹ steht für *das Göttliche*, das insbesondere im sinnlichen Kontext der Naturrealität als *Schönheit* in Erschei- nung tritt – eine Auffassung, die sich hier schon in Exempeln andeutete, deren *metaphysischer* Gehalt aber noch zu klären sein wird.

3. Das Atmosphärische

Ich beginne damit, dass ich eine von Gernot Böhme formu- lierte grundsätzliche Kritik am klassischen Schönheitsbegriff aufnehme, derzufolge die maßgeblichen ästhetischen The- orien das *Sinnliche* weitgehend ausklammern, also zu ›kopf- lastig‹ seien. Was fehle, sei eine »ökologisch motivierte Ästhe- tik«, die wesentlich auch »emotionale Anteile« integriere, also »Gefühlscharaktere«, die Böhme im Anschluss an Hermann Schmitz »Atmosphären« nennt und als Formen »leiblich- sinnlicher Erfahrung« charakterisiert.[10] Der leiblich-sinnliche Mensch und seine »Befindlichkeit« sei dafür, so Böhme, »der adäquate Bioindikator«.[11]

Es leuchtet ein, dass solche Überlegungen auch für eine *Ästhetik des Gartens* von Belang sind. Im Blick auf die eher pragmatisch orientierte »Theorie des Landschaftsgartens« konstatiert Böhme etwa, diese habe schon längst »etwas zum Thema gemacht«, »was in der sonstigen bürgerlichen Ästhetik verpönt war: nämlich, was ›zu Herzen geht‹«:[12] Schönheit »als eine Art Nahrung«[13], »sinnlich-emotionale nämlich«[14], also so etwas wie ›Seelennahrung‹. In der Tat, die Schönheit einer Gartenumgebung ist zugleich der Sinne und Gefühl berühren-de Zauber der Anwesenheit lebendiger Natur: das Lauschige etwa, das seelisch Erquickende, Tröstende, Inspirierende, Kontemplative, Würdige, Heilige eines solchen Orts. Zum Menschen, der eben auch eine sinnliche Existenz besitzt, ge-höre »zu den fundamentalen Lebensbedürfnissen [...] nicht nur das Bedürfnis nach einer schönen Umgebung überhaupt [...], sondern insbesondere das Bedürfnis nach Natur: näm-lich dass da etwas ist, was von selbst da ist und ihn durch sein selbsttätiges Dasein berührt«.[15] Tatsächlich können Garten und Park emotional nicht durch eine künstliche Umwelt er-setzt werden. Man mag den Trubel und die raffinierten Arte-fakte eines Vergnügungsparks mögen, aber die Natur kann das nicht ersetzen. Warum aber? Eine Erklärung dafür steht noch aus.

Dieses *seelische Naturbedürfnis*, das sich auch in der Gestal-tung von Gärten artikuliert, ist nun offenbar etwas, das für den *Menschen* kennzeichnend ist. Tiere haben keine Gärten, auch wenn für sie als leiblich-emotionale Wesen zweifellos ebenso gilt, dass ›Natur guttut‹. Für den Menschen ist damit, denke ich, ein *emotionales Mehr* gesichtet, das so nicht mehr unter dem Titel ›Natur tut gut‹ zu verbuchen ist. Denn, noch einmal: Das Lauschige, seelisch Erquickende, Tröstende, Inspirieren-de, Kontemplative, Würdige, Heilige einer Gartenumgebung ist nichts, was sinnvoller- und realistischerweise dem Erleben von Tieren zugesprochen werden könnte. Höhere Tiere haben sicher Emotionen, aber jedenfalls keinen Sinn für Gärten und legen dementsprechend auch keine an.

Was dürfen wir daraus schließen? Ich möchte es auf die Formel bringen: Auch bei der Gartenkultur handelt es sich um spezifisch menschliche und als solche *geistige* Leistungen. Auch der ›hortensische Sinn‹ für das Atmosphärische von Gärten und Parks ist essenziell geistiger Natur. Das ist meine These, die ich, anknüpfend an den grandiosen, gegenwärtig zunehmend wieder ins Blickfeld rückenden philosophischen Entwurf Hegels näher begründen möchte.

4. Hegels Naturbegriff und Konsequenzen für das Verhältnis zur Natur

Meiner These, dass der ›hortensische Sinn‹ wesentlich *geistiger* Natur ist, liegt die von Hegel her zu explizierende Auffassung zugrunde, dass die Natur selbst einen *ideellen Grund* hat, der als solcher nur geistig fassbar werden kann. Um kenntlich zu machen, dass dies nicht einfach nur ein philosophisches Bekenntnis ist, möchte ich die Argumentation, die Hegels als *objektiver* Idealismus bezeichneten Philosophie zugrunde liegt, hier, extrem verkürzt, wenigstens andeutungsweise skizzieren:

Das Attribut ›objektiv‹ verweist darauf, dass sich Hegels Philosophie auf die objektive Verbindlichkeit der *Logik* gründet – nicht einer formalen, sondern der dieser selbst noch zugrunde liegenden *fundamentalen* Logik. Diese bildet die *Basis* des Hegelschen Entwurfs, seinen letzten Grund. Ihre

Letztbegründbarkeit, wie wir heute sagen würden, ergibt sich daraus, dass sie nicht von einer außerlogischen Instanz her begründet werden kann, denn Begründen ist selbst ein logischer Akt, setzt die Logik also schon voraus. Die Fundamentallogik hat somit den Charakter eines unhintergehbaren *Absoluten*. Man kann darauf leicht die Probe machen: Wer die Logik zu umgehen versucht, indem er sie bezweifelt, setzt sie damit schon voraus, denn auch Bezweifeln ist ein logischer Akt. Aus der Logik kommt man – ›absolut‹ – nicht heraus: das bekannte Selbstaufhebungsargument gegen den Skeptizismus.

Die Absolutheit der Logik, oder in Hegels Diktion der ›Idee‹, ist nun Hegel zufolge auch der Grund für die Existenz der *Natur* und hat somit nicht nur logische, sondern auch *ontologische* Bedeutung: Basis ist die absolute Idee, also das Ideelle, verstanden als Fundamentallogik. Die *Absolutheit* des Ideellen bedeutet, dass es un-bedingt ist, und das heißt: schlechthin unabhängig von *Nicht*-Ideellem – das in diesem Sinn *mit dem Ideellen* also immer *dialektisch verknüpft* ist. *Qua Absolutheit* gehört zum Ideellen immer auch das Nicht-Ideelle: *Natur!* Doch als Nicht-*Ideelles* bleibt die Natur gleichwohl auf das Ideelle bezogen und durch es bestimmt. Ausdruck davon ist die *Gesetzmäßigkeit* der Natur. Die Natur als das Nicht-Ideelle ist danach, extrem verkürzt formuliert, im Logisch-Ideellen *mitgesetzt*: gleichsam als logisch notwendiges, ewiges Begleitphänomen des Logisch-Ideellen.[16]

Ein *ideeller Grund* der Natur also? In unserem metaphysikfeindlichen Zeitalter mag das seltsam klingen. Doch auch bedeutende Naturwissenschaftler stehen dieser Auffassung nahe, genannt seien etwa Max Born,[17] Albert Einstein,[18] Werner Heisenberg,[19] Carl Friedrich von Weizsäcker;[20] denn, sind die Naturgesetze nicht tatsächlich so etwas wie eine der Natur zugrunde liegende *Logik*? Die reale Natur hat einen logisch-ideellen Grund – im Sinn der (hier freilich nur) skizzierten Argumentation halte ich das für unabweisbar.

Die Frage ist nun: Was folgt daraus für unser *Verhältnis zur Natur*? Zunächst einmal dies zu verstehen, dass die Materie mehr ist als Lehm oder Schmutz. Ihre intrinsische Gesetzmäßigkeit hat vielmehr zur Folge, dass ihr Sein nicht in ihrer jeweiligen beschränkten Faktizität aufgeht, sondern wesentlich *Möglichkeit* enthält, die Möglichkeit etwa zur Bildung komplexer Systeme, zur Evolution von Organismen, zur Entstehung von Psychischem und zuletzt geistiger Leistungen. Die Natur schließt diese Möglichkeiten qua Naturgesetzlichkeit ein, und das heißt kraft ihres logisch-ideellen Grundes. Das Logisch-Ideelle aber ist das Absolute, das *Göttliche*, an dem die Natur somit teilhat. Dass die Natur ›von sich her da ist‹ (Kap. 3), Formen aus sich hervorbringt, also schöpferische Natur, *natura naturans* ist, wird so überhaupt erst erklärbar, nämlich als Manifestation dieses Göttlichen in ihr.

In *objektiv-idealistischer* Perspektive ist die Natur somit als eine *Manifestation* des ihr zugrunde liegenden *ideellen Prinzips*, als ein »Bild der göttlichen Vernunft« zu deuten, wie Hegel sagt[21], mit anderen Worten: In Gestalt einer sich selbst erhaltenden, sich beständig neu gebärenden natura naturans, und nur so, hat der Mensch die *unmittelbare Anschauung* eines ewig aus sich Existierenden, Göttlichen und infolgedessen ein essenzielles Interesse an der *Bewahrung* einer lebendigen, intakten, immer neues Gedeihen hervorbringenden Natur.

Damit ist, denke ich, eine Perspektive eröffnet, in der auch Licht auf unser Thema *Garten* fällt. Naturbewahrung hat im

Garten gleichsam ihren Tempel. Ja, im Grund braucht »alles, was gedeihen soll«, so Heinrich Rombach, »Gartenstruktur« – im übertragenen Sinn wohl auch das Gedeihen der Familie, der Gesellschaft, des Staates, und so verstanden lässt sich mit Rombach geradezu von einem »Recht auf Garten« sprechen.[22]

5. Metaphysik des Gartens

Ich hatte schon erläutert, dass der Garten als *gestaltete* Natur immer auch ein *geistiges* Moment enthält – wie gesagt: Tiere haben keine Gärten. Doch das, was uns an Gärten und Parks anspricht, berührt, vielleicht verzaubert, das eigentümlich Atmosphärische des Gartens, ist sicher nicht einfach nur die Formensymmetrie der französischen Variante oder das Wechselspiel der Landschaftsszenen im englischen Park oder die Komposition farbiger Blumenrabatten. Sicher, in solchen Gestaltungen begegnet sich der gestaltende Geist selbst, aber das Besondere darin ist die emphatisch empfundene Lebenskraft der Natur, die uns berührt.

Doch es ist auch nicht einfachhin ›die Natur‹, denn diese würde uns eher den Eindruck beliebigen Wucherns, von Wildnis oder auch Brache und Ödnis vermitteln. Natürlich gibt es auch Situationen, in denen uns die Gegenwart der freien Natur unmittelbar anspricht, vielleicht beim Anblick einer Gebirgslandschaft, eines lieblichen Tals, einer Sandwüste oder einer Pappelallee am Fluss – charakteristische atmosphärische Valeurs. Dieses ›Atmosphärische‹ ist freilich eine sehr flüchtige Qualität – was zum Fotografieren motivieren mag oder den Landschaftsmaler zu einem Gemälde. Nun ist das Bild ein Artefakt und als solches nicht mehr Natur, sondern eben Darstellung von Natur. Die Natur tritt hier im Medium der Kunst in Erscheinung und insofern denaturiert. Wir betrachten die dargestellte Natur, aber wir sind nicht selbst in sie eingelassen.

Sie ahnen, worauf ich hinauswill: Im Unterschied zur bildlichen Darstellung der Natur ist das Spezifische des Gartens die *wirkliche, sinnliche Anwesenheit der Natur* – und zwar nicht einfachhin der Natur, wie sie gelegentlich als Gebirgslandschaft, Ödnis, Sandwüste, Pappelallee begegnet, sondern Natur gleichsam als *Inszenierung* des Geheimnisses von Wachsen, Vergehen und Wiederkehr. Hier wird das Gestaltungsmoment wesentlich. *Hortensische Gestaltung* holt die Natur herein in den Lebenskreis des Menschen und präsentiert sie ihm als sprießendes, geheimnisvolles Gedeihen, als die sich selbst immer neu gebärende, lebendige, leuchtende Natur. Um dies darzustellen, verwendet die Gartenkunst, im Unterschied zu den ›schönen‹ Künsten, nicht Pigmente, Tonfrequenzen, Theaterkulissen, sondern lässt Lebendiges zu Lebendigem sprechen.

In dieser Atmosphäre *emphatischer Lebendigkeit*, wenn ich mich einmal so ausdrücken darf, bin ich Teil der einen, großen Natur, ihrer All-Einheit. In diesem *kosmischen Einvernehmen* kann ich das Gejagte, Getriebene, die Bürde meiner *endlichen* Existenz für einen Moment abwerfen und vergessen. Innerhalb der Hausmauern ist das *so nicht* möglich. Was fehlt, ist das kosmische Moment, das in den häuslichen Wänden und im steinernen Kontext der Straßen nicht anzutreffen ist. Im Garten empfinden wir ein *kosmisches Einvernehmen* mit der Natur, und das tut gut.

Dann also doch: ›Natur tut gut‹? Sicher, aber *warum?* Weil, und damit nehme ich auf, was in der Perspektive des skizzierten Hegelschen Naturbegriffs deutlich geworden ist: weil jenes Gefühl kosmischen Einvernehmens zuletzt über die Natur hinausweist auf etwas, das ihr zugrunde liegt, ihren Seinsgrund und Grund allen Seins. Was mir so aufgeht, ist gerade, dass *ich selbst kein letzter Grund* bin, sondern verwiesen bin auf ein onto-logisches Prinzip, das mir und der Natur *gleichermaßen zugrunde liegt*, einen letzten Grund und in diesem Sinn etwas *Göttliches*.

Eine *Metaphysik* des Gartens also! Nochmals: Ist das zu hoch gegriffen? Nun, ich halte das Hegelsche Argument, dass nicht nur dem Geist, sondern implizit auch der Natur *Logik* zugrunde liegt, wie gesagt, für unabweisbar – Logik, die uns als die Gesetzmäßigkeit der Natur begegnet. Wir können diese Gesetze erkennen, d. h. logisch ausbuchstabieren. Wir können sie aber auch gleichsam ›hortensisch‹ erfahren. Man denke an die Schönheit einer Rosenblüte, deren seidige Zartheit und Farbigkeit wie ein Wunder anmutet in ihrem Widerspruch zur dumpfen Erde, der sie entstammt – Rilkes »Rose, oh reiner Widerspruch«. In der Rose enthüllt sich dem Geist in der Tat ein Geheimnis: nämlich, dass die Erde immer schon die Möglichkeit der Blüte enthält; das ist ihre verborgene *Wahrheit* – Sie erinnern sich: Schönheit als Erscheinen der Wahrheit. Das bezeugt, dass jenes Erdige *in Wahrheit* mehr ist als formloser Schmutz; im Letzten das der Natur zugrunde liegende *ideelle Prinzip*, das auch Prinzip des *Geistes* ist.[23] *Deshalb* fühlen wir uns als geistige Wesen nicht nur durch die Ruhe gewährende Einfriedung des Gartens und die kompositorische Gestaltung des Gartenarchitekten angesprochen, sondern tiefer durch die so zur Erscheinung gelangende Wahrheit *lebendiger*, leuchtender Natur. Suchen wir nicht immer wieder solche Orte, um neue Kraft zu gewinnen? Wodurch wächst uns diese Kraft zu? Weil uns die Natur gleichnishaft eine Anschauung unseres eigenen *Wesensgrunds* vermittelt. Geist und Natur offenbaren darin – bei aller Gegensätzlichkeit – eine wesensmäßige Affinität, die uns das tiefe Gefühl einer *All-Einheit* gewährt, an der wir teilhaben. Diese untergründige kosmische Gemeinschaft von Geist und Natur, eben das *Göttliche*, ist es, das den *Zauber* stiller Gartenstunden ausmacht.

Damit ist, denke ich, auch klar, dass dieses Göttliche nicht als in einem *Jenseits* angesiedelt vorzustellen ist. ›Metaphysisch‹ bezeichnet wörtlich zwar das Über-die-Natur-Hinausgehende, hier aber sicher nicht in einem räumlich-jenseitigen Sinn, sondern als ein Hineingehen in den *Grund* der Natur, der in Hegelscher Perspektive ebenso Grund des Geistes ist. Der glücklich gewählte Begriff des *Atmosphärischen* meint, scheint mir, *eigentlicher* dieses Innesein kosmischen Einvernehmens, also der *Gemeinschaft von Geist und Natur* – und damit *weitaus mehr* als die oben zitierte ›Erfahrung der Selbsttätigkeit der Natur‹ mit dem Menschen in der Funktion eines ›Bioindikators‹ (Kap. 3).

Zugleich aber – und damit komme ich auf die früher offen gebliebene Frage zurück (Kap. 2) – ist dieses kosmische Einvernehmen auch nicht reduzibel auf das *Angenehme* einer Erholung gewährenden Umgebung; also das *bloß* Angenehme, das Kant – m. E. zu Recht – dem Schönen entgegengesetzt hatte. Das Atmosphärische, das uns im Garten und Park umfängt, erfüllt, verzaubert, verweist uns geistig vielmehr auf etwas, das *mehr* ist als bloße Natur, jedoch in ihr immer auch als ihre immanente Wahrheit anwesend ist: das *Göttliche* als die *wesensmäßige Gemeinschaft* von Geist und Natur.

Ich schaue aus dem Fenster. Unkraut sprießt, Rasenschnei-
den steht an, Blattläuse bekämpfen, die Hecke zurückschneiden, Maulwurfshügel einebnen. Die Terrassenfugen sind ver-
moost. Es gibt viel zu tun. Und dann die Rückenschmerzen.
Die ganze prosaische Pragmatik der Gartenarbeit! ›*Metaphysik
des Gartens*‹!? Sicher – *warum sonst sollten wir das alles auf uns
nehmen!*

PROF. DR. DIETER WANDSCHNEIDER

1983–1987 Professur für Philosophie (Tübingen), 1988–2004
Lehrstuhl für Philosophie und Wissenschaftstheorie an der
Universität RWTH Aachen. Publikationen vor allem zur Natur-
philosophie, Philosophie der Logik, insbesondere zur dialek-
tischen Logik, zur Hegelinterpretation, Technikphilosophie
und zum Leib-Seele-Problem.

ENDNOTEN

1   *Der Text basiert auf einem Vortrag, den ich am 13. Juni 2012 anläss-
lich der Bamberger Hegelwoche 2012 gehalten habe.*

2   *Dieter Wandschneider, »Das Geistige und das Sinnliche in der Kunst
– Hegel, Heidegger, Adorno«, in: Dieter Wandschneider (Hg.) »Das
Geistige und das Sinnliche in der Kunst. Ästhetische Reflexion in der
Perspektive des Deutschen Idealismus«, Königshausen & Neumann,
Würzburg 2005, S. 123 – 137.*

3   *Christian Illies, »Das hässliche Gärtlein? Über die Beharrlichkeit des
Schönen in der Gartenkunst«, in: »uni.vers. Das Magazin der Otto-
Friedrich-Universität Bamberg. Forschung Mai 2012«, Bamberg 2012,
S. 22.*

4   Christian Hirschfeld, »Theorie der Gartenkunst«, Gekürzte Ausgabe mit einem Nachwort von Franz Ehmke, Union Verlag, Berlin 1990, S. 157.

5   Martin Heidegger, »Der Ursprung des Kunstwerkes«, Reclam, Stuttgart 1960, S. 41 f.

6   Paul Klee, »Schöpferische Konfession«, Berlin 1920. Hier zitiert nach: Walter Hess, »Dokumente zum Verständnis der modernen Malerei«, Rowohlt, Hamburg 1962, S. 82.

7   Z. B. Politeia 517 b, c; Timaios 29a, e. (Platon – zitiert nach der Stephanus-Paginierung).

8   Immanuel Kant, »Kritik der Urteilskraft«. Zitiert nach der 3. Originalausgabe, Meiner, Berlin 1799, S. 29.

9   Georg Wilhelm Friedrich Hegel, Werke in 20 Bänden, ed. Eva Moldenhauer und Karl Markus Michel. Suhrkamp, Frankfurt a. M. 1969 ff. Zitierweise (Exempel): ›(9.539 Zus.)‹ verweist auf Bd. 9, S. 539; ›Zus.‹ verweist auf ›Zusätze‹ in Hegels Enzyklopädie (Bd. 8–10). Hier: 13.151, vgl. auch 13.389 f.

10 Gernot Böhme, »Für eine ökologische Naturästhetik«, Suhrkamp, Frankfurt a. M. 1989, S. 11 f.

11 Ebd. S. 50.

12 Ebd. S. 46 und 93.

13 Ebd. S. 47.

14 Ebd. S. 93.

15 Ebd. S. 92.

16 Ausführlich hierzu Dieter Wandschneider, »Die Absolutheit des Logischen und das Sein der Natur. Systematische Überlegungen zum absolut-idealistischen Ansatz Hegels«, in: »Zeitschrift für philosophische Forschung 39«, Frankfurt a. M. 1985, S. 331 – 351.

17 Max Born, »Physics in my Generation«, Springer, New York 1969, S. 114, 160 f.

18 Albert Einstein, »Mein Weltbild«, Ullstein, Frankfurt a. M., Berlin, Wien 1972, S. 18, 171.

19 Werner Heisenberg, »Wandlungen in den Grundlagen der Naturwissenschaft«, Hirzel, Stuttgart 1980, S. 198 f.

20 Carl Friedrich von Weizsäcker, »Die Einheit der Natur«, Hanser, München 1971, S. 290.

21 Georg Wilhelm Friedrich Hegel, 20.455.

22 *Heinrich Rombach, »Im Garten. Anregungen zu einem hortensischen Lebensmodus«, in: »Salzkorn«, Nr. 246, Reichelsheim 2011, S. 66.*

23 *Dieter Wandschneider, »Beauty in Nature Both in its Laws and its Entities«, in: Vittorio Hösle (Hg.), »The Many Faces of Beauty«, University of Notre Dame Press, Indiana 2013, S. 113–132.*

JUDITH HENNING

URBANE PERMAKULTUR

STADTGÄRTNERN MIT HINTERGEDANKEN[1]

»Though the problems of the world are increasingly complex, the solutions remain embarrassingly simple.« *Bill Mollison*

»All the world's problems can be solved in a garden.«
Geoff Lawton

Ein Permakulturgarten ist ein Nutzgarten aus meist mehrjährigen Pflanzen, die möglichst vorteilhaft miteinander und häufig auch mit Nutztieren kombiniert werden. Die grundlegende Idee der Permakultur beruht auf einem ethischen

Fundament: *Earth Care, People Care, Fair Share*, so haben Bill Mollison und David Holmgren, die Begründer der Permakultur, sie proklamiert: Sorge für die Erde, sorge für den Menschen, teile gerecht.[2]

Was haben nun diese Grundsätze mit Gartenarbeit zu tun, wie sollen in einem Garten die Probleme der Welt gelöst werden? Und vor allem, wie soll diese eher für ländliche Gegenden entwickelte Philosophie in der Stadt funktionieren?

Städte sind in weiten Teilen asphaltiert und grau – dreckig und voll mit Gebäuden, Straßen, Bahngleisen und U-Bahnschächten. Doch es gibt auch Vorgärten und Hinterhöfe, Parks und Spielplätze und im Daneben und Dazwischen gibt es Grünflächen mit so schönen verwaltungstechnischen Namen wie *Baumscheibe* oder *Straßenbegleitgrün*. Und selbst die Dächer und Wände der Gebäude können genutzt werden. Alles zusammen eine Menge an Flächen, die schon bepflanzt sind oder die noch begrünt werden können. Sogar *in* den Gebäuden kann es weitergehen mit Kompostkisten, Pilzzucht oder Window-Farms.[3] Und wenn man genau hinschaut, sieht man es schon wachsen. Pflanzen erobern Räume zurück, wachsen aus den kleinsten Ritzen, sogar auf Gebäuden. Urbane Permakultur versucht nun, mit dieser spontanen Vegetation zusammenzuarbeiten, ihr neue Räume zu eröffnen und sie durch nützliche Pflanzen zu ergänzen. Das Ziel ist, die vielen Möglichkeiten, Materialien und speziellen Umweltbedingungen der Städte zu erkennen und zu nutzen, um karge oder asphaltierte Flächen zu Lebensräumen mit Erntemöglichkeit zu machen, um die Grundbedürfnisse von Menschen und anderen Lebewesen zu befriedigen und die drei Leitsätze der Permakultur zu erfüllen. Wie das gehen kann, zeigen die folgenden Beispiele.

Asphalt, Ränder und Höfe

Die *Hayes Valley Farm* in San Francisco hat eine ehemalige Freeway-Auffahrt zu einer städtischen Farm gemacht. Hochbeete mit Gemüsepflanzen, Obstbäume in Mörtelkübeln, ein mit recycelten Betonbrocken (genannt *Urbanite*) ausgekleideter Bachlauf, der bei Regen das Wasser auf dem Gelände verteilt. Und das alles wächst auf dem Asphalt, der mit Pappe, Holzschnitzeln und Kompost – Materialien, die die städtische Müllabfuhr geliefert hat – bedeckt wurde. Nachschub an Küchenabfällen zum Kompostieren kam einmal pro Woche in fünf Schubkarren aus der Großküche eines nahe gelegenen buddhistischen Zentrums. Durch das Aufschichten von organischem Abfall und Altpapier auf einer Straße mitten in der Stadt ist hier ein Gemüse produzierendes Refugium entstanden, auf dem sich neben den Bienen und Hühnern der urbanen Farmer auch zahlreiche Wildvögel ansiedelten.

Mitten in London, in einem Gewerbegebiet nahe dem Bahnhof King's Cross, haben es Alex Smith, dem Gründer der Müslifirma *Alara*, die unbeachteten Randstreifen angetan. Die schmalen Streifen um seine Produktionshalle herum wurden von ihm in einen erstaunlichen Garten verwandelt. Es gibt einen Mini-Weinberg, eine Obstbaumwiese und einen Gemeinschaftsgarten. Ein Randstreifen ist mit einer schier unglaublichen Vielfalt an Obstbäumen, -sträuchern und essbaren Stauden bepflanzt. Gehölze, die Stickstoff aus der Luft binden, stehen als Düngerlieferanten neben Beerensträuchern, die Hecke ist gleichzeitig eine Plantage, sie soll in einigen Jahren das Holz für die dann benötigten Zaunpfähle liefern. Bewässert wird das Ganze mit dem Regenwasser vom benachbarten Dach, das mithilfe der Schwerkraft im leicht abfallenden Gelände verteilt wird.

Noch einen Schritt weiter geht das *Café Botanico* in Berlin. Aus dem auch hier hauptsächlich aus mehrjährigen Pflanzen bestehenden Permakulturgarten im Hinterhof kommt unter anderem der Wildkräutersalat direkt im Vorderhaus auf den Cafétisch. Das Prinzip: Was gerade reif ist, landet auf der Speisekarte. Zudem leben mehrere Bienenvölker im Garten, deren Honig ebenfalls im Café verkauft wird. Durch die Direktvermarktung (praktisch ohne Transportkilometer) wird hier nicht nur der Kompostkreislauf, sondern auch höchst effizient ein wirtschaftlicher Kreislauf geschlossen – eine Besonderheit, die in der Stadt aufgrund der vielen Menschen, die auf engem Raum zusammenleben, sogar besser funktioniert als auf dem Land.[4]

An diesen Beispielen zeigen sich schon einige Gestaltungsprinzipien urbaner Permakulturgärten: Es werden nützliche Verbindungen innerhalb des Gartens und vom Garten nach außen geknüpft, man versucht, Erträge zu erzielen und dabei energieeffizient vorzugehen, zum Beispiel durch Multifunktionalität und die geschickte Anordnung von Elementen. Die Nutzung von sonst als Abfall angesehenen Ressourcen ist der Natur abgeschaut: In Ökosystemen gibt es keinen Müll, alles, was ein Lebewesen zurücklässt, wird von anderen gefressen oder anders genutzt. Statt sich für die Gestaltungen qualitativ hochwertige Grundstücke herauszupicken, werden häufig vernachlässigte oder unbebaute Flächen regeneriert.

Typisch für die Permakultur ist auch das Gärtnern mit mehrjährigen Pflanzen, nicht nur beim Obst, sondern auch im Gemüsegarten. Hier macht man sich das dauerhafte oder wiederkehrende Wachstum und die Überwinterungsfähigkeit bestimmter Pflanzen zunutze, um Aufwand zu sparen:

Denn, einmal etabliert, ist zum Beispiel der Gemüseampfer (der ähnlich wie Spinat oder Mangold verwendet wird) durch seine tiefwachsenden und weitverzweigten Wurzeln weniger empfindlich gegen Trockenheit, Schnecken oder Blattläuse als aus Saat neu gezogene Gemüsepflanzen. Und: Er überwintert, man muss also ab dem zweiten Jahr kein Beet mehr für ihn vorbereiten.

Wie im klassischen Biogarten werden in der Permakultur keine Pestizide, Kunstdünger oder Torf eingesetzt. Pflanzenkrankheiten und mitessende Insekten versucht man durch Mischkultur, Fruchtwechsel und biologische Pflanzenstärkungsmittel wie Brennnessel, Schachtelhalm oder Beinwelljauche beizukommen, und gedüngt wird mit Kompost. Neben den direkten Nutzpflanzen werden auch Blütenpflanzen und Teiche sowie Holz- oder Steinhaufen als Lebensräume für Nützlinge mit einbezogen – es wird also das Ökosystem insgesamt bereichert.

Und in einem Garten, der als essbare Landschaft gestaltet ist, gerät die Pflege häufig schon zur Ernte. Schneide ich z. B. eine Salbeistaude zurück, habe ich keinen Grünschnitt, den ich entsorgen muss, sondern zunächst noch einen Strauß Kräuter, die erst nach dem Genuss eines gesunden und leckeren Tees auf den Kompost kommen. Durch die Auswahl einer essbaren Pflanze wird also die Nutzung intensiviert, es entsteht Wert, wo vorher nur Entsorgungsaufwand war. Dieses Prinzip mag auf den ersten Blick banal wirken, es birgt aber großes Potenzial, Energie zu sparen.

Im Normalfall sind allerdings die städtischen Grünflächen weder besonders naturnah gestaltet noch wird auf Nützlichkeit für den Menschen geachtet, stattdessen wird bei öffentlichen Flächen eher auf *immergrün* und *möglichst wenig Arbeit* gesetzt. Im Privaten verläuft die Gestaltung häufig nach dem altbewährten Muster *Rasen-Rosen-Koniferen*, wobei letztere zunehmend durch Kirschlorbeer ersetzt werden. Aus permakulturellem Blickwinkel sind das nahezu grüne Wüsten, also genau das Gegenteil von dem, was man hier erreichen möchte. Ernte? Fehlanzeige! Rasen muss gemäht, gepflegt und gedüngt werden, das bedeutet Arbeitsaufwand und Energieverbrauch für rein dekorative Zwecke.

Die Permakultur denkt hier anders, Grünflächen werden nicht mehr als lästige, potenziell unordentlich aussehende Randstreifen angesehen, die auch noch gepflegt werden müssen und Geld kosten. Stattdessen wird jede Grünfläche oder sogar jede freie Fläche, wenn man Wände und Dächer mit einbezieht, als Gelegenheit zur Ernte angesehen. Wenn man in diese Richtung umdenkt, sieht man die Stadt plötzlich mit ganz anderen Augen: Verglaste Bürofassaden – wunderbare Gewächshäuser; die Verkehrsinsel – eine Blumenwiese; die geschützte Südwand eines Hochhauses – ein Weinanbaugebiet? Die Stadt ist auf einmal voll mit Pflanzgelegenheiten, die auffälligsten sind vielleicht die Dächer.

Dächer und Balkone

Sofern sie windgeschützt sind, bieten Dächer oft ideale Wachstumsbedingungen, denn sie sind eher sonnig und in Städten herrscht generell ein milderes Mikroklima, da die steinernen Oberflächen Wärme speichern. Zusätzlich bietet die Gebäudetechnik Potenzial für sinnvolle Kombinationen: Die warme Abluft von Kühlaggregaten kann zum Beheizen von

Gewächshäusern und das Tropfwasser von Klimaanlagen zum Bewässern verwendet werden. So wird das Gebäude selbst zur Ressource für den auf ihm wachsenden Garten.

Ein Forscherteam der Universität Bologna sieht z. B. große Möglichkeiten für das Dachgärtnern: Es stellt die Prognose, dass in Bologna, wenn alle dafür geeigneten Dachflächen genutzt würden, 77 Prozent des Gemüsebedarfs der Stadtbewohner durch Anbau in der eigenen Stadt gedeckt werden könnten. Dabei würden außerdem 624 Tonnen CO_2 pro Jahr gebunden und weitere Energieeinsparungen würden sich durch kürzere Transportwege ergeben. Und sofern die Dachgärten nach biologischen Prinzipien bewirtschaftet würden, entstünde dabei noch ein eigenes Ökosystem.[5]

Die derzeitigen Ideen beschränken sich nicht allein auf Gemüse: Eine Berliner Firma bietet Aquaponik-Systeme an und zeigt den Erfolg auf einer Musterfarm auf einem Dach in Schöneberg. Hier werden Tomaten und Salate angebaut und Fische gezüchtet. Dabei werden das Wasser aus den Fischzuchtbecken für die Bewässerung der Pflanzen und die Fischausscheidungen als Dünger verwendet.

Bei der Rooftop-Farm, die beim Bau eines Krankenhauses in Singapur mit eingeplant wurde, kommen noch weitere nützliche Aspekte hinzu: Im tropischen Klima bewirkt die Bepflanzung (neben der Versorgung der Patienten mit frischem Gemüse) eine deutliche Kühlung des Gebäudes und spart dadurch Energie für Klimaanlagen; zudem schafft der Dachgarten in dem kleinen, dicht bebauten Insel- und Stadtstaat eine wohltuende und heilsame Umgebung.[6]

Aber man kann auch ganz klein und bei sich zu Hause anfangen. Auf meinem Balkon – eigentlich ist es nur eine

30 Zentimeter breite Fensterbank mit Geländer, insgesamt hat sie einen Quadratmeter Grundfläche – baue ich in kleinem Maßstab Obst und Gemüse an. In einem alten Mülleimer steht eine Säulenbrombeere, daneben in einem Blumenerdesack eine Zucchinipflanze und ein Kartoffelturm im (aufgestockten) Blumentopf. Dann gibt es noch Strauchtomaten, Hokkaidokürbis und in Blumenkästen und -töpfen Salat, Mangold, Grünkohl, einige Kräuter und essbare Blütenpflanzen wie Borretsch und Kapuzinerkresse. Die Erde besteht aus in einer Wurmkiste selbst produziertem Kompost, gemischt mit ausgelaugter Blumenerde.

Seitdem es blüht, sind immer einige Hummeln, Schwebfliegen und Bienen da und im Sommer hat sogar eine Amsel unter dem Schutz der Zucchiniblätter ihr Nest gebaut und dort ihre Brut aufgezogen. Außerdem gab es 2,5 kg Zucchini, 1–2 kg Tomaten, zwei Kürbisse, 500 g Brombeeren sowie Kräuter, Kartoffeln, Mangold und Salat zu ernten – und das im ersten Jahr. Sogar ein winziger Balkon kann also zu einer Oase werden, die nicht nur Tieren Lebensraum und Nahrung bietet, sondern auch eine für die kleine Fläche beachtliche Ernte.

Das zeigt, wie vielfältig und ergiebig auch kleine Räume bepflanzt werden können, und wie schnell eine Vernetzung mit dem umgebenden Ökosystem beginnt. Beim Blick auf die restliche Fassade des Hauses sehe ich jedoch nur Stein und Glas. Stellt man sich nun vor, alle Balkone wären ähnlich begrünt, wäre es schon fast paradiesisch. Sie könnten nach Permakulturprinzipien über die Fallrohre automatisch bewässert werden. Zu jeder Wohnung könnte ein Spindelobstbaum mit vermietet werden und einige Pflanzsäcke mit Erde. Und dann gäbe es natürlich noch eine Kompostieranlage im Keller zur

Verarbeitung der im Haus anfallenden Grünabfälle – es wäre ungewohnt, aber nicht allzu kompliziert umzusetzen.

Neben guter Erde ist Wasser für den Erfolg eines Kübelgartens ein weiterer wesentlicher Faktor. Wer keinen Zugang zu Regenwasser hat, kann andere Lösungen finden. Beim Gemüsewaschen oder beim Ausspülen des Espressokochers gerät z. B. kein Spülmittel oder Salz ins Abwasser. Genau betrachtet ist das meiste Wasser, das in der Küche anfällt, als Gießwasser geeignet. Daher fange ich nun dieses Wasser mit einer Schüssel auf und gieße damit. Wenn noch Krümel, Kaffeesatz oder Teeblätter dabei sind: Umso besser, sie fungieren gleich als Dünger.

Das Wasser, das aufwendig in einer Kläranlage gereinigt und mit Energie durch Rohre in den siebten Stock gepumpt wurde, läuft so nicht nach einmaliger Verwendung den Abfluss wieder hinunter und wieder durch ein Rohrsystem zurück zur Kläranlage, sondern es bleibt im Balkongarten, wo es die essbaren Pflanzen einerseits wachsen lässt, andererseits von ihnen verdunstet wird, was die Luft verbessert, also ein weniger trockenes Mikroklima erzeugt. Das Restwasser aus dem Prozess der Küchenarbeit wird so für den Prozess des Gärtnerns auf dem Balkon verwendet. Anstatt also das eine Wasser als Abfall zu entsorgen und die Gießkanne mit frischem Wasser, extra für die Pflanzen heraufgepumpt, zu füllen, sind diese beiden Prozesse nun integriert und so miteinander verbunden, dass der Abfall des einen die Nahrung des anderen wird.

Klar, vom Balkon wird man sich nicht komplett ernähren können, dennoch ist es eine wertvolle Erfahrung, die Dinge selbst in die Hand zu nehmen und durch das Kompostieren mit der Wurmkiste, das Pflanzen im selbst erzeugten

Kompost und natürlich die Ernte einen Kreislauf zu etablieren. Einerseits kann man diese Fähigkeiten auch auf größeren Flächen anwenden, andererseits ist es auch im kleinen Maßstab gut, sich selbst als anbauenden Menschen zu erleben. Unser Wort *Kultur* geht zurück auf *cultivare – Land bearbeiten*. Wir gehen damit also an die Grundlage unserer Zivilisation und agieren gewissermaßen radikal kulturell, wenn wir die moderne Arbeitsteilung und den Konsum für den Moment beiseitelassen und selbst die Schaufel in die Hand nehmen. Denn wenn wir uns mit natürlichen Kreisläufen verbinden, vernetzt und integriert agieren – so trivial und alltäglich die einzelnen Handlungen auch sein mögen – bedeutet das eine fundamentale Ent-Entfremdung.

Mehr als »nur in der Erde buddeln«

In der englischen Kleinstadt Todmorden und beim Kulturenergiebunker-Projekt in Hamburg geht es nicht nur darum, auf freien oder neu eroberten Flächen zu gärtnern, sondern auch darum, Gemeinschaft aufzubauen und spezielle Gegebenheiten in der Stadt produktiv zu nutzen. Beide zeigen, wie man erfolgreich *bottom up*, also von unten nach oben, Impulse für eine ganze Kommune geben und tatsächliche Veränderungen bewirken kann.

Die Initiative *Incredible Edible Todmorden* hat sich zum Ziel gesetzt, die Stadt *essbar* zu machen. Möglichst alle öffentlichen Grün- und Freiflächen sollen mit essbaren Pflanzen bestückt werden und möglichst viele private Gärten ebenfalls. Alles, was auf den öffentlichen Flächen wächst, steht allen Bewohnern und Besuchern der Stadt zur Ernte zur Verfügung. Hier werden das Sorgen für den Menschen und das gerechte Teilen umgesetzt: Zusammen werden Dinge bewerkstelligt, die einen spürbaren Effekt auf das Gemeinschaftsleben in Todmorden haben. So ist die Kriminalitätsrate der Kleinstadt um erstaunliche zwölf Prozent gesunken, seitdem die Bürgerbewegung aktiv ist.[7]

Diese Initiative hat weltweit Resonanz gefunden, und es gibt auch einige *essbare Städte* in Deutschland. Andernach, wo ein Teil der Grünanlage bei der ehemaligen Stadtbefestigung in einen Gemüsegarten umgewandelt wurde, ist wohl das prominenteste Beispiel. Aber auch in Städten wie Heidelberg, Halle, Hannover oder Minden tun sich Menschen zusammen und pflanzen Waldgärten, stellen Hochbeete auf oder wandeln vernachlässigte Rosenrabatten in Gemüsebeete um.

Das zentrale Anliegen des Kulturenergiebunker-Projekts in Hamburg ist der Umbau eines Hochbunkers aus dem Zweiten Weltkrieg in ein Wärmekraftwerk, das Holzabfälle aus den umliegenden Parks verwertet und direkt in die vorbeiführende Fernwärmeleitung einspeisen soll, um Haushalte im Stadtteil zu versorgen – Nahwärme statt Fernwärme ist hier das Motto. Der Erlös aus dem Wärmeverkauf soll eine kulturelle Nutzung im restlichen Bunkergebäude finanzieren. Hier wird ein anderes Grundbedürfnis als das nach Nahrung adressiert, und für die Wärmeversorgung werden die städtischen Grünanlagen zum erweiterten Garten. Neben diesem langfristigen Ziel der Stadtentwicklung von unten hat der Verein am Bunker einen Gemeinschaftsgarten mit Hochbeeten, Lehmofen, Komposttoilette und Bienenstöcken aufgebaut, in dem regelmäßig gemeinsam gebacken und gegärtnert wird und andere Veranstaltungen stattfinden. Die Menschen, die sich in dem Verein engagieren, praktizieren einen Wandel hin zu einer Kultur, die wieder mit weniger Energie auskommt und lokale Ressourcen nutzt.[8] Statt ein Vokabular von Schrumpfen und Verzicht zu verwenden, geht es ihnen um Wachstum, aber eben nicht um das der üblichen ökonomischen Kennzahlen, sondern um das Wachsen von Gemeinschaft, produktiven Ökosystemen und lokaler Ökonomie.

Ausblick

So verschieden die vorgestellten Projekte sind, die dahinterliegende Philosophie haben sie gemeinsam. Sie wollen Alternativen zu aktuellen gesellschaftlichen Entwicklungen schaffen und Naturzerstörung und Klimawandel nicht einfach passiv geschehen lassen. Stattdessen versuchen sie, Veränderungen hin zu einem gesünderen, selbstbestimmten, umweltgerechteren und sozialeren Leben in einer lebenswerten Stadt zu erreichen, und die Menschen dahinter nehmen dafür Hacke und Schaufel in die Hand.

Weltweit leben immer mehr Menschen in Städten, seit 2008 erstmals der größere Teil der Weltbevölkerung, deshalb ist es wichtig, gerade in den Städten anzusetzen, die – wie man an dieser kleinen Auswahl von urbanen Permakulturprojekten sehen kann – ein großes Potenzial haben, um soziale Gerechtigkeit und Nachhaltigkeitsziele zu erreichen und dem Klimawandel etwas entgegenzusetzen.

Aber auch unabhängig von Szenarien der durch Ressourcenknappheit oder Klimawandel erzwungenen Veränderungen ist die auf Nahrungsmittelerzeugung und Energieautarkie hin optimierte Stadt inspirierend für die Planung und

Gestaltung von lebenswerten Städten, wie nicht nur das Beispiel Todmorden zeigt. Denn eine Stadt, in der – nach ökologischen Prinzipien – angebaut wird, wäre eine lebenswerte, naturnähere Stadt, in der weniger Lebensmittel, Verpackungsmaterialien und Müll in LKWs transportiert werden müssen, da der nächste Gemüsegarten mit Komposthaufen zu Fuß erreichbar ist. Es können dort stattdessen vermehrt Elektromobile fahren, sodass die Abgas- und Lärmbelastung drastisch vermindert wird. Die vielen kleinen dezentralen Produktionsstätten und Projekte führen zu größerer Selbstbestimmung und Selbstgestaltung der Städte durch ihre Bewohner und letztlich auch zu mehr sozialer Gerechtigkeit hier und in anderen Teilen der Welt, die wir beeinflussen können. Denn mit ihnen werden wir von den Produktionsbedingungen gegenüber ignoranten Konsumenten wieder selbst zu den Produzenten der für uns lebensnotwendigen Güter – oder kommen diesen zumindest wieder näher. Die geschilderten Beispiele für Bausteine und Kreisläufe, die in ihrer kleinsten Form sogar in einer Stadtwohnung mit winzigem Balkon umsetzbar sind, könnten beeindruckende Effekte haben, wenn sie von vielen Menschen übernommen werden. Das würde natürlich große Umgestaltungen in der Infrastruktur erfordern; eine große Herausforderung, die mit dem nötigen politischen Willen jedoch technisch sicherlich bewältigt werden könnte.

Permakultur hat das Potenzial, eine neue große, system- und kulturübergreifende Vision für alle Menschen zu bieten. Anstatt wirtschaftliche, soziale und ökologische Interessen gegeneinander auszuspielen, wäre das Ziel, sie konsequent zusammenzudenken und die globalen Herausforderungen anzunehmen. So wie früher der Wettstreit zwischen

kommunistischem und kapitalistischem System dazu an-
spornte, Menschen auf den Mond zu bringen, könnten jetzt
Staaten, Unternehmen und andere Institutionen darin konkurrieren, unsere Kulturlandschaften in effiziente und pro-
duktive Ökosysteme umzubauen und in Städten moderne
Weltwunder wie hängende Gärten zu errichten.

JUDITH HENNING

Judith Henning ist Historikerin, Schuhmacherin und seit
2012 Permakultur-Designerin. Ihr Schwerpunkt sind urbane
Permakultur-Lösungen. In Hamburg und San Francisco arbeitet sie an kleinen und großen Gärten, Containergärten, Wurm-
kompost, Komposttoiletten und seit Neuestem baut sie Kräuter und Gemüse auf Balkonen an. Neben den gärtnerischen
Lösungen und dem Ressourcenaspekt spielen häufig partizi-
pative Ansätze und Vernetzung eine Rolle in ihren Projekten.
www.judithhenning.de

ENDNOTEN

1   *Frank Wolf und Miriam v. Maydell danke ich für ihre Anregungen und
    die Unterstützung beim Bändigen des Materials, Blanka Stolz und Sil-
    ke Schipper für Inspiration in entscheidenden Augenblicken.*

2   *Bill Mollison, David Holmgren, »Permakultur. Leben und Arbeiten im
    Einklang mit der Natur«, rororo Sachbuch, Reinbek 1985. Bill Molli-
    son, »Permaculture. A Designers Manual«, Tagari Publications, Ty-
    algum 1988.*

3   Für eine Window-Farm platziert man Kräuter, Salat und kleinere Gemüsepflanzen übereinander hängend im Fenster, die Töpfe sind häufig selbst gemacht aus recycelten Plastikflaschen. Die Pflanzen wachsen dabei meist in Hydrokultur, also in anorganischem Substrat mit Nährlösung und profitieren vom Licht und der Wärme der Räume.

4   Judith Henning, »Aus dem Garten auf den Teller. Das Berliner Café Botanico verbindet auf smarte Weise Anbau und Vermarktung«, in: »Oya 27«, Berlin Juli/August 2014, S. 82–83.

5   Francesco Orsini et al., »Exploring the production capacity of rooftop gardens (RTGs) in urban agriculture: the potential impact on food and nutrition security, biodiversity and other ecosystem services in the city of Bologna«, in: »Food Security«, Dezember 2014, Band 6, Ausgabe 6, S. 781–792.

6   Donald Wai Wing Tai, »Beyond Skyrise Gardens. The Potential of Urban Roof-Top Farming in Singapore«, in: »CTBUH Research Paper«, Council of Tall Buildings and Urban Habitat World Conference, Seoul 10.–12. Oktober 2011, S. 413–427.

7   Unter www.incredible-edible-todmorden.co.uk sind Konzept, Geschichte und aktuelle Projekte aus Todmorden sowie Berichte über die Initiative zu finden.

8   Ganz ähnliche Ideen und konkrete Vorschläge, wie man diesen Prozess eines gesellschaftlichen Umbaus gestalten kann, hat Rob Hopkins, der Gründer der Transition-Town-Bewegung, in seinem Buch »Energiewende – Das Handbuch. Anleitung für zukunftsfähige Lebensweisen«, Zweitausendeins, Frankfurt a. M. 2008 zusammengestellt.

DAGMAR PELGER

GARDENING IS COMMONING

»Gärten sind, wie Kunstwerke, vielmehr das grosse Experimentierfeld, auf welchem die Zeitalter tastend in jene Gefilde vorstiessen, zu welchen sie aufschiebbare Gedanken noch nicht entwickelt hatten.«[1]

Beim ersten Besuch des Prinzessinnengartens am verkehrsreichen Moritzplatz in Berlin staunt man nicht schlecht. Mitten in der Stadt öffnet sich eine Gartenoase, an einer Stelle, wo man zuvor ein brachliegendes Nichts wähnte. Ein Ort, wie er sonst nur von Ausflügen oder Heimatbesuchen in die Provinz bekannt ist, wo Familie und Verwandtschaft noch ein kleines Stück Land beackern und bewirtschaften. Zugleich fremd und urvertraut wirkt das eingezäunte Feld mit den nebeneinander aufgereihten Hochbeeten. Der Prinzessinnengarten ist als Gemeinschaftsgarten mittlerweile zu einer regelrechten Institution herangewachsen und gehört zum touristischen wie soziokulturellen Repertoire der Stadt, wird medial bis nach Korea und New York kommuniziert und ist dennoch in regelmäßigen Abständen von Verwertungsinteressen bedroht. Neben Beeten, Bibliothek, Biergarten mit Sommerküche und verschiedenen anderen Selbstbaukleinstrukturen entstand nach sieben Jahren Gärtnern im Sommer 2016 als weiterer Baustein die *Laube*, eine dreigeschossige begehbare Holzstruktur, die vor allem der 2014 im Garten gegründeten Nachbarschaftsakademie als Veranstaltungsort dienen soll und allen Interessierten offen steht.

Welche Bedeutung haben dieser und viele andere im letzten Jahrzehnt entstandene urbane Gemeinschaftsgärten für ein erstarkendes Verständnis von Stadt, die allen gehören soll und Orte hervorbringt, die sich den Marktlogiken und Austeritätsdogmen zu entziehen versuchen? Lässt sich im neuen Gartentypus ein Möglichkeitsraum lesen, im Sinne eines *potenten* Ortes[2], der die urbanen Ressourcen als Gemeingüter zugänglich macht für eine gemeinschaftsbasierte Produktion von Stadtraum? Der Rückblick auf die Entwicklungsgeschichte des Gartens als eingegrenzter, gestalteter Außenraum soll im Folgenden mit der Geschichte der Allmende – einem unparzellierten, gemeinschaftlich bewirtschafteten Gemeingut – zusammengebracht werden. Wie lässt sich der urbane Gemeinschaftsgarten als Schnittmenge dieser beiden Freiraumtypen beschreiben und verstehen?

Gärten sind künstlich geschaffene, verkleinerte Abbildungen des die Stadt oder das Dorf umgebenden Naturraums. In ihnen wird die Natur entweder kondensiert nachgebildet oder kontrastierend interpretiert. Es werden aus der Landschaft agrarische Motive entnommen, sie wird malerisch pittoresk imitiert oder formalisierend stilisiert. Die Gärtnerin fühlt sich in ihrer Tätigkeit dazu angespornt, die Natur durch ihre Arbeit und Pflege in einen idealisierten Zustand zu bringen. Sie oder er tut dies, um den Ertrag aus Arbeit und nachwachsender Pflanze, der natürlichen Ressource, zu erhöhen. Dabei kann neben dem materiellen Ertrag – die Tomate – auch ein immaterieller Ertrag – etwa ihr Duft – Motivation sein.

Die ersten Gärten waren zwar vorrangig Nutzgärten, die, eingehegt zum Schutz vor Tieren und anderen am Ertrag Interessierten, Früchte oder Kräuter lieferten, aber bald auch Blumen oder andere Zierpflanzen, die dem Genuss oder der Zurschaustellung der Gartenkunst dienten. Darüber hinaus kann der Garten als Ort der Kommunikation, des Austauschs und des gemeinsamen Aufenthalts dienen, überlagert von Repräsentationszwecken. Auch der Vermittlung von Wissen kann ein Garten dienen, als Sammlung, Schau und Reproduktionsstätte verschiedenster Pflanzen- und Tierarten. Im eklektischen Garten der vergangenen Jahrzehnte finden wir schließlich in teils wildester Mischung unterschiedlichste Gartentypen und somit eine Vielzahl sich überlagernder Verweise, Gestaltungsmittel und Intentionen vereint.

Allen Gärten gemein ist nach Lucius Burckhardt, dass sie das jeweilige Verhältnis der Gesellschaft zur Natur darstellen.[3] So erzählt der bäuerliche Nutzgarten von der Vielfalt der durch die jeweilige Gesellschaft domestizierten frucht- und blütentragenden Pflanzenarten und von der Abhängigkeit einer die

Subsistenz sichernden, versorgenden Natur. Der botanische Garten entsteht zur Zeit der Expeditionen und kolonialen Aneignungen und verbildlicht die gemachten Entdeckungen, die Inbesitznahmen der neuen Güter durch Namensgebung und Verbreitung der Samen und Pflanzen. Im geometrischen Barockgarten dominiert die Darstellung einer durch den Menschen kontrollierten Natur, die in starkem Gegensatz zur unkontrollierten wilden Natur steht. In der Zeit der Aufklärung erfasst eine romantische Vorstellung der Natur die Gesellschaft, die sich im englischen Landschaftsgarten manifestiert. Dieser erzählt vom Ideal einer malerisch wilden Natur, die den Städter amüsieren, inspirieren und belohnen soll und hierfür Szenen landwirtschaftlicher Scheinnutzung nachstellt. Mit dem erstarkenden Bürgertum schließlich nehmen Garten- und Parkanlagen vermehrt Einzug in die Stadt und etablieren sich als Stadtgärten und später als Gartenstädte.

Der moderne Garten vermittelt schließlich ein soziales Naturbild, er soll für den Städter die Lasten der Industrialisierung kompensieren und neben kostengünstiger Ernährung auch Gesundheit und Gemeinwohl fördern. Dieser Garten erzählt von der Natur als durchorganisiertem Raumsystem, das der Belichtung und Durchlüftung der Siedlungen und Städte dient. Die Natur wird zum infrastrukturellen Baustein für eine neue, funktional ausgerichtete Stadtlandschaft, in der Gärten und Parks zu Erholungs- und Versorgungszwecken eingesetzt werden. Die postmoderne Gesellschaft hingegen gibt den nachvollziehbaren Sinnzusammenhang zwischen Stadt und Land und damit die strukturelle Lesbarkeit ihres Verhältnisses zur Natur auf. Eher eine Sammlung von Bildern entsteht in den durchmischten Gartentypen, die als Teil der postmodernen

Stadtlandschaft nach Burckhardt in deren »Geschwätzigkeit« einstimmen.[4] Dieser eigentlichen Sprachlosigkeit gegenübergestellt, bringt eine neue politische Bewegung als Reaktion auf Umweltzerstörungen und Naturschutz den Gartentyp des *Ökotops* hervor, als Bild der selten gewordenen Natur.

Burckhardt endet mit dem Hinweis auf die für ihn neueste und avantgardistischste Form des Gartens: Die von 1986 bis 1988 durch alternative Künstler und Menschen, den selbsternannten *Stadtgärtnerinnen und Stadtgärtnern* besetzte Basler Stadtgärtnerei.[5] Den durch die Besetzung für alle Basler geöffneten Garten – dessen Räumung und Umformung in einen Volkspark, trotz breiter Unterstützung der Bevölkerung, nicht verhindert werden konnte – beschreibt Burckhardt als Überlagerung von fünf Bildern: der Garten als spontane Vegetation, als selten gewordene Natur, als Bauernhof, als Ernstfall (oder Krise) und als Utopie.[6] Diese Beschreibung der besetzten Gärtnerei, die als ein Vorläufer der zeitgenössischen urbanen Gemeinschaftsgärten verstanden werden kann, liefert das Bild eines sich politisierenden Verhältnisses der Gesellschaft zur Natur. Während der bäuerliche Garten noch auf eine wirtschaftliche Funktion der Natur verwies, der barocke Garten auf einen absolutistischen Herrschaftsanspruch gegenüber der Natur, der englische Garten auf einen romantisierenden und von ihr ökonomisch scheinbar unabhängigen Bezug zur Natur, der moderne Garten der Natur eine soziale Funktion zuwies und der ökologische Garten die Natur als vom Aussterben bedrohte Seltenheit darstellt, zeigt der urbane Gemeinschaftsgarten die Natur als politisches Moment, zu dem die Gesellschaft in Anbetracht von Ressourcenverknappung und Klimawandel Stellung beziehen muss.

Der Gartengeschichte lässt sich eine andere Geschichte gegenüberstellen: Die der Allmende als die Geschichte der Formen gemeinschaftlichen Besitzes. Die Allmende – aus dem mittelhochdeutschen *al(ge)meind* für z. B. Gemeindeflur – als gemeinschaftliche Bewirtschaftungsform einer räumlich definierten agrarischen Fläche kann auch als Urform des Gemeinschaftsgartens bezeichnet werden. Begrifflich und entstehungsgeschichtlich im frühen Mittelalter angesiedelt, ist die Allmende – oder *Commons* im angelsächsischen Sprachgebrauch – der gemeinschaftliche Besitzanteil an einer Ressource. In Form eines Waldstücks, einer Wiesenfläche oder eines Nutzungsrechts für ein Gewässer diente die traditionelle Allmende der Versorgung ihrer Nutzergemeinschaft mit Holz, Weidefläche, Fisch oder als Anbaufläche, also als gemeinschaftlicher Nutzgarten im weitesten Sinne. Dieser war immer unparzelliert, meist eingegrenzt und in der Zugänglichkeit durch die Nutzerschaft reglementiert.

Die Regelgebungen wurden unter den NutzerInnen – oder *Commonern*, also denjenigen, die Sorge für das Commons tragen – eigenständig verhandelt, was meist unter Duldung der feudalen Eigentümer geschah, wenn auch nicht immer. Neben der Bindung an eine konkrete Ressource zeichnete sich die Allmende des Weiteren durch ihre starke Handlungsbezogenheit aus: Kein Commons ohne Commoning, so der Historiker Peter Linebaugh in seinen Studien zur Magna Carta als erster rechtlicher Absicherung der Commons.[7] Er unterstreicht damit den reproduktiven Charakter der Allmende, die sich nur durch beständige Erneuerung erhalten kann. Hierin liegt eine der wesentlichen Parallelen zur Definition eines Gartens.

Diesen Definitionsbaustein aufnehmend, unterscheidet der Philosoph Lieven de Cauter die Allmenden oder Commons in universelle und spezifische Gemeingüter. Luft oder Sprache, die allen und niemandem gehören, zählt er zu den »universal Commons«, die allen Menschen zur Verfügung stehen müssen. Als spezifische Allmenden oder »particular commons« bezeichnet er Gemeingüter, die von einer definierten Gemeinschaft hergestellt und erhalten werden. Daraus folgernd bildet die Allmende einen »heterotopen« oder »dritten« Raum, der weder dem öffentlichen, staatlich kontrollierten, noch dem privatisierten Raum individueller oder körperschaftlicher Nutzung zuzuordnen ist.[8]

Durch die genauere Betrachtung von vier historischen Allmendetypen – *Alm, Hutweide, Vöde* und *Anger* – werden unterschiedliche Verortungen der Allmende im natürlichen Ressourcenraum sichtbar. Auf die zeitgenössische Stadtlandschaft übertragen, lassen sich so spekulative Rückschlüsse auf potenzielle neue urbane Allmendetypen ziehen. Denn die traditionelle Allmende durchläuft in ihrer Entwicklungsgeschichte eine Art Wanderbewegung aus dem Gebirge oder dem Wald über die offene Landschaft in die Siedlung hinein – von *außen* nach *innen* sozusagen. So betrachtet, kann diese Entwicklungsfolge auch als eine Art *Urbanisierung der Allmende* bezeichnet werden, die ihre Fortsetzung vielleicht in den urbanen Allmenden heutiger Zeit finden könnte.

Auf der *Gebirgsalm*, einer vor mehr als 3.000 Jahren erstmals auftretenden Frühform der Allmende, wird die jahreszyklische Bewirtschaftung aufgrund der extremen Lage meist gemeinschaftlich organisiert. Weit entfernt vom Dorf entsteht früh die Notwendigkeit, neben der Käserei auch eine saisonale Unterkunft für den sommerlichen Betrieb zu erstellen. Aus dem Kreislauf von Beweidung, Milchproduktion und Käseherstellung zur Nahrungssicherung für den Winter leitet sich noch heute die gesellschaftliche Bedeutung der Alm als saisonaler Rückzugsort abseits der Städte ab. Ihre soziale Bedeutung als Erholungs- und Erinnerungsraum macht die Alm heute als Gemeingut, oft noch in genossenschaftlicher Betriebsform, nachvollziehbar.

Bei der *Hutweide*, einer auf agrarischen Restflächen näher am Dorf gelegenen Gemeinschaftsweide, ist bereits eine wöchentliche oder tägliche Nutzungsfrequenz für Mensch und Tier möglich. Die Lage am Rand von Feldern, Wasserläufen oder Waldkanten befördert eine spezifische Nutzung durch die Dorfgemeinschaft, die hier ihr Vieh gesammelt hütet. Die einfachere Erreichbarkeit der Hutweide lässt einen alltäglicheren Gebrauchsrhythmus zu. Die heutige privatwirtschaftliche Gemeinschaftsbewirtschaftung der *Hornbosteler Hutweide* in Niedersachsen etwa, einem seltenen Beispiel einer *reaktivierten* Hutweide, verweist mit Tierhaltung und kleinem Landbau auf die traditionelle Nutzung und trägt so zu Erinnerungskultur, Wissensvermittlung und Landschaftspflege bei.

Als lokal entstandene, spätmittelalterliche Form einer *wandernden* Allmende wird die *Vöde* ähnlich einer Hutweide genutzt. Sie verringert aber aufgrund ihres jährlich wechselnden Standortes auf Brachäckern die Identifikation der Dorfgemeinschaft mit der Allmendefläche. Bis Mitte des 19. Jahrhunderts blieb die Vöde als gemeinschaftliches Beweidungsrecht der landlosen Bauern auf den brachliegenden Feldern der Landeigentümer erhalten, wurde aber mit Ausbreitung von

Lohnarbeit und Industrialisierung eingestellt. Die ehemaligen Vödeflächen verblieben in Privateigentum oder erfuhren eine schrittweise Transformation von wandernden Feldnutzungen in frei zugängliches kommunales Eigentum, wie beispielsweise den Bochumer Stadtpark. Die Vöde als mobil strukturierte Allmende erinnert an heutige Formen urbaner Zwischennutzungen und liefert ein interessantes Organisationsmodell basierend auf einem Bodentauschprinzip.

Bei dem in der Dorfmitte gelegenen *Anger* handelt es sich um die urbanste Form der Allmende. In einer Aufweitung des Straßenraums gelegen, diente die grasbewachsene Weidefläche auch als gemeinschaftlicher Gemüsegarten oder anderen Einrichtungen: Gemeindehaus, Backhaus, Schmiede, Hirtenhaus oder Kirche konnten auf dem Anger verortet sein. Es bestand eine enge Beziehung der Dorfbewohner zum Anger, der der Sicherung der Nahrungsgrundlage diente. Als ausgereifter städtebaulicher Freiraumtypus wurde er in Mittel- und Osteuropa als sogenanntes Angerdorf ein weit verbreitetes Modell. Für die zahlreichen erhaltenen Dorfanger, die heute als öffentliche Freiräume in kommunaler Hand sind, bedarf es keiner gemeinschaftlichen erhaltenden Praktiken mehr. Jedoch wirft der Anger Fragen nach dem Umgang mit den urbanen Raumressourcen auf: Zentrale Lage, räumliche Gefasstheit, unversiegelte Oberfläche und freie Zugänglichkeit machen ihn zu einem potenziellen Möglichkeitsraum, in dem unterschiedlichste Interessen und Bedürfnisse gemeinschaftlich verhandelt werden könnten.

Bedeutung und Verbreitung der Allmende haben sich über die Zeit stark gewandelt. So ist die Allmende als ländlicher Typus gemeinschaftlicher Bewirtschaftung heutzutage nur noch selten. Ihre Verlagerung aus der offenen Landschaft in die Dorfmitte findet jedoch im Phänomen der urbanen Allmende eine zeitgenössische Fortsetzung. Denn seit Beginn der 1990er-Jahre hat sich um die Gemeingüter ein neuer Diskurs eröffnet. Der zunehmende Rückzug der staatlichen Regulierungs- und Versorgungssysteme und ein steigender Wettbewerb in vielen Lebensbereichen führt weltweit zu fortschreitender Ressourcenverknappung auf allen Ebenen. Die voranschreitende Privatisierung öffentlicher Güter lässt Forderungen nach Teilhabe aller Bevölkerungsschichten an wirtschaftlichen, politischen und planerischen Prozessen immer lauter werden, was die erhöhte Bereitschaft zur Selbst-Organisation des gemeinschaftlichen Zusammenlebens bewirkt oder auch erzwingt. Zahlreiche urbane Gemeinschaftsgärten können zusammen mit anderen formalisierten Initiativen gemeinschaftlichen Engagements für Wohn-, Kultur- und Bildungsprojekte ebenso wie mit nicht-formalisierten kollektiven Haus- oder Parkbesetzungen, Spontanbesiedlungen oder Protestcamps in einer typologischen Reihe mit den historischen Allmendeformen gelesen werden. Sie bilden, als spezifische Gemeingüter oder *particular commons* interpretiert, in die Stadtlandschaft eingebettete und aus dieser gleichermaßen ausgeschnittene potenzielle »dritte Räume«[9], die sich den Kategorien *privat* und *öffentlich* immer wieder für kurze Momente entziehen.

Die Bedingungen für die Entstehung dieser allmendeartigen Orte scheinen in Berlin vergleichsweise stark gegeben zu sein. Vielerorts sind die Folgen der neoliberalen Wirtschaftslogik spürbar und doch scheinen hier die Prozesse verzerrt abzulaufen. Die ehemals inselartige Lage der Stadt, ihre baulich-räumliche Diversität und vor allem Porosität, das kulturelle Erbe einer starken Aktivistenszene und der hohe Anteil migrantischer Bevölkerungsschichten bilden räumliche, kulturelle und soziale Voraussetzungen für alternative Handlungsebenen. Eine künstlerisch-kreativ aktive, kulturschaffende und oft prekär lebende Generation scheint zudem die Verknappung bezahlbaren Wohn- und verfügbaren Freiraums und sich intensivierende Gentrifizierungsprozesse einerseits als fruchtbares Klima für am Gemeingut orientierte Umgangsformen mit Stadtraum zu erkennen. Andererseits scheint sie so stark von Verdrängung und Existenzverlust bedroht zu sein, dass sich die Flucht nach vorn in konkretem Eingreifen in die Produktionsbedingungen von Stadtraum formuliert. Im heterogenen und von unterschiedlichsten Brachflächen perforierten städtischen Gewebe Berlins können scheinbar leichter als anderswo noch gemeinschaftliche Aneignungen erfolgen und so Praktiken in Gang gesetzt werden, die sich als *Commoning* im weitesten Sinne deuten lassen. Es entstehen Orte, die von unterschiedlichen Gruppen als Teilräume der Ressource Stadt in Besitz genommen, gepflegt und bewirtschaftet werden, viele davon mittels gärtnerischer Arbeit und Expertise. Aber auch Orte der Bildung, des Wohnens und der materiellen wie immateriellen Arbeit können als neue Allmenden oder *urban Commons* interpretiert werden.

Berlin verfügt inzwischen über mehr als hundert Gemeinschaftsgärten, die in den vergangenen zehn Jahren entstanden sind. Die Organisationsform der meisten Gemeinschaftsgärten ist ein Verein, sodass der Garten für Interessierte zwar offen steht, sich aber innerhalb einer mehr oder weniger festen Gruppe selbst organisiert und erhält. So ist es auch beim 2006 inmitten der damaligen Brache des Gleisdreiecks gegründeten interkulturellen Garten *Rosenduft*. Gemeinsam mit einem sozialen Träger haben die Initiatoren mit Geflüchteten aus den neuen Balkanstaaten einen Ort des Austauschs und produktiver Arbeit aufgebaut, der sich inzwischen aus dem bewusst wild gestalteten öffentlichen Parkgrün ausschnitthaft als eingezäunter Zier- und Nutzgarten hervorhebt. Das seit 2011 auf dem Tempelhofer Feld mit inzwischen 500 Mitgliedern bewirtschaftete *Allmende-Kontor* hingegen steht, über einen Zwischennutzungsvertrag rechtlich abgesichert, allen Parknutzern offen und löst sich damit nur teilweise aus der öffentlichen Sphäre als allmendeartigen Raum heraus. Der bekannteste urbane Gemeinschaftsgarten ist wohl der eingangs beschriebene *Prinzessinnengarten*, der als mobile urbane Landwirtschaft seit 2009 auf einer vormaligen Brache am Moritzplatz gemeinsam mit NachbarInnen und Interessierten betrieben wird. Rechtlich als gemeinnützige GmbH abgesichert, nähert sich auch diese Organisationsform, in der die Entscheidungshoheit bisher noch auf wenige Gesellschafter verteilt ist, einer Allmende nur in Teilen an.

Weitere Beispiele wären aufzählbar, allen gemein ist die unscharfe Positionierung zwischen einer tatsächlich gemeinschaftsgetragenen Commoner-Praxis und einer privatisierenden Anmietung oder durch soziale Träger gestützten Institutionalisierung – sie alle sind damit im eigentlichen Sinne der Allmende keine heterotopen Orte. Das gemeinschaftliche Gärtnern geschieht meist unter zeitlich unbestimmter Duldung der Eigentümer, findet auf wartenden Arealen oder in Randlagen statt und muss oft den prekären Status einer Zwischennutzung akzeptieren. Hinzu kommt, dass die Identifikation der beteiligten Gärtner als wirkliche Commoner oft schwach bleibt und deren Anzahl starken Schwankungen ausgesetzt ist.

Als tatsächlich gemeinschaftlich getragene, erhaltene und gepflegte Commons können also die wenigsten Gärten der Analyse standhalten. Innerhalb der Vielfalt commoningartiger Praktiken nimmt das Gärtnern aber insofern eine Sonderrolle ein, als dass es einen direkten Rückbezug auf die Urform der Allmende vornimmt und dabei geschickt auf die Raumkonditionen der zeitgenössischen Stadtlandschaft eingeht. Als reproduktive und Gemeinschaftsbesitz bildende Praxis, die universelles Gemeingut erhält und spezifisches Gemeingut überhaupt erst herstellt und im Falle der Handlungsunterlassung dieses auch wieder verschwinden lässt, ist das Gärtnern ein Akt des Commonings per se.

Die Geschichte der traditionellen Allmende war eine Geschichte ihrer Auflösung durch Einhegungen, vor allem im Zuge der sogenannten ursprünglichen Akkumulation. Die Ablösung der Allmenden durch einerseits den sogenannten öffentlichen, staatlich kontrollierten und andererseits den privatisierten, zunehmend marktwirtschaftlich verwerteten Raum hatte die Allmende auch als soziales Konstrukt größtenteils demontiert.[10] Zugleich belegt aber neben den beschriebenen Berliner Beispielen auch eine immer größer werdende Zahl theoretischer Arbeiten zu den Commons deren feste Stellung im Handlungsspektrum gesellschaftlicher Interaktion. Prozesse des Commonings sind inhärente Bestandteile unserer Lebenswelt und werden in jeder teilenden oder gemeinschaftlich motivierten und durch mehrere abgestimmten Handlung sichtbar, vom kollegialen Werkzeugtausch am Arbeitsplatz[11] bis hin zur selbstermächtigenden Parkbesetzung.[12] Allen Vereinnahmungsversuchen zum Trotz bestätigt die Theorie einen Prozess des »ongoing Commonings«.[13]

So ist auch im politischen Bild des urbanen Gemeinschaftsgartens das Verhältnis der spätkapitalistischen und sozial wie ökologisch sensibilisierten Gesellschaft zur Natur, die Verhandlung und der Kampf um die Ressourcen, dargestellt. Es zeichnet sich durch Motive des Selbstbaus und eine Ästhetik des Mangels aus, daneben gibt es Verweise auf Wildes und Ungeplantes, der Garten bekennt sich zu seinem prekären Status und dem Status der Natur als *umkämpft*. Damit hat er sich so, wie Burckhardt ihn in der besetzten Basler Stadtgärtnerei beschrieben hat, in weiten Teilen bestätigt und etabliert: Der Garten als spontane Vegetation, als selten gewordene Natur, als Bauernhof, als Krise und als Utopie. Was damals für nur wenige Aktivisten, Wohlgesinnte und Ästhetik-Experten sichtbar war, ist fast dreißig Jahre später für die geübte Stadtbewohnerin offensichtlich geworden, ins Repertoire gängiger Gestaltungsmittel aufgenommen und wird in verschiedenen Gartentypen, von Baumscheibenbepflanzung bis partizipativ geplanter Parkanlage, praktiziert. Was den urbanen Gemeinschaftsgarten innerhalb dieses Spektrums dennoch herausstellt, ist seine Schnittmenge mit der Allmende auf mehreren Ebenen: die Handlungs-, Gemeinschafts- und Ressourcenbedingtheit seiner Existenz und seine Doppeldeutigkeit als Prozess und Produkt. Auch er muss als Teilraum einer Ressource gemeinschaftlich bewirtschaftet werden, sonst löst er sich auf. Der Akt des Commoning mittels dessen dies geschieht, das Gärtnern, ist Tätigkeit und Ertrag zugleich.

Die neu entfachte Diskussion um die Gemeingüter als Folge des zunehmenden Ungleichgewichts in der Ressourcenverteilung hat in Form des urbanen gemeinschaftlichen Gärtnerns also eine fruchtbare Übersetzung gefunden und im urbanen Garten einen, wenn auch noch instabilen, aber potenten Allmendetypen hervorgebracht. Doch nur die staatliche und kommunale Sicherung der noch bestehenden (Raum-)Ressourcen als zugängliches universelles Gemeingut können es ermöglichen, diese neue urbane Allmende als heterotopen und vergesellschafteten Bestandteil des städtischen Raumkontinuums jenseits von Öffentlich und Privat zu etablieren. Auf der zivilgesellschaftlich initiierten Suche nach neuen Formen der Stadtraumproduktion sind die kommunalen und staatlichen Verwaltungsstrukturen unerlässliche Partner, deren Verantwortlichkeit eingefordert werden muss, wenn das Experiment mit den Allmende-Räumen eine Zukunft haben soll.

Am schwächsten aber scheint aus der Bilderreihe Burckhardts das *utopische Bild* in der bisherigen Beschreibung der Gemeinschaftsgärten durch, weswegen auf die Laube im Prinzessinnengarten am Moritzplatz und ihr Potenzial, einen dritten Raum zu bilden, zurückgekommen werden soll. Errichtet zwischen Birkenwäldchen und Zaun, von der Straße aus gut sichtbar, ermöglicht die dreigeschossige begehbare Holzstruktur sowohl einen Überblick über die sich baulich langsam füllende Lage am Moritzplatz, als auch einen Ausblick auf dessen mögliche Zukunft. In dieser selbstermächtigenden Geste bleibt die Laube mittels ihrer durchlässigen, wandelbar erscheinenden Konstruktion trotzdem Teil des Gartens, und der Garten wird Teil der Laube. Das noch nackte Holzgerüst, das schrittweise bekleidet werden soll, wartet auf seine Gebrauchslagen, die es sukzessive als Raumstruktur verfestigen. Es ist offensichtlich, dass der Bau sich im Übergang befindet, aus einem ressourcenartigen Zustand hin zu einem sich verfestigenden. Er kommt somit einem Angebot gleich. Es liegt nun an den potenziellen und zukünftigen Commonern, dieses Angebot zu erkennen und zu gestalten.

Versteht man die Laube im Prinzessinnengarten als eine Allmende im Werden, so bedeutet ihre sichere und zunächst unbewegliche Positionierung im Garten die Eröffnung eines Experimentierfelds, das auf Verstetigung ausgerichtet ist. Die Laube ruht auf einem festen Fundament innerhalb des Gartenareals. Sie kommuniziert durch die stabile, stark überdimensionierte und nachvollziehbar gefügte Bauweise ein Versprechen von Erweiterbarkeit bei gleichzeitiger Beständigkeit. Zusätzlich zum Angebot an sich ermächtigende Commoner fragt diese robuste Struktur nach einer langfristigen Rechtsgrundlage, die die Fläche am Moritzplatz als Ressource sichert. Im nicht mobilen, dreidimensionalen Raumsystem der Laube konkretisiert sich eine mögliche Erweiterung der bisherigen Allmende-Definitionen im Sinne einer fortzusetzenden Urbanisierung. Die Allmende als unfertiges Haus könnte das Konzept des dritten Raums in einen raumbildenden Prozess aufnehmen und zum Verhandlungsgebiet erklären, in dem sich selbstverwaltete Commonerschaft auf Basis kommunaler Absicherung um eine gemeingutbasierte Raumproduktion kümmern kann. Aber erst mal ist die Laube vor allem schön, wie sie inmitten der gestalteten Wildnis, von der Straße aus gut sichtbar, am Zaun wie angelehnt stehend, den Kontakt zwischen dem Außen der Stadt und dem Innen des Gartens sucht.

DAGMAR PELGER

Dagmar Pelger ist Architektin und Lehrbeauftragte am Fachgebiet Städtebau und Urbanisierung der TU Berlin, wo 2016 ihre Publikation *Spatial Commons. Städtische Freiräume als Ressource* entstand. Schwerpunktthemen ihrer Beschäftigung mit den Produktionsbedingungen der zeitgenössischen Stadtlandschaft sind kritische Kartografie, Entwerfen als kooperativer Prozess, handlungsbedingte Raumbildung und die räumliche Erkundung der urbanen Gemeingüter als Spatial Commons.

ENDNOTEN

1   *Lucius Burckhardt, »Natur ist unsichtbar«, [1989], in: Markus Ritter, Martin Schmitz (Hg.), »Warum ist Landschaft schön? Die Spaziergangswissenschaft«, Martin Schmitz Verlag, Berlin 2006, S. 49.*

2   *Lucius Burckhardt, »Brache als Kontext – Postmoderne Landschaften – gibt es das?« [1998], in: Markus Ritter, Martin Schmitz (Hg.), »Warum ist Landschaft schön? Die Spaziergangswissenschaft«, Martin Schmitz Verlag, Berlin 2006, S. 111.*

3   *Lucius Burckhardt, »Natur ist unsichtbar«, [1989], in: Markus Ritter, Martin Schmitz (Hg.), »Warum ist Landschaft schön? Die Spaziergangswissenschaft«, Martin Schmitz Verlag, Berlin 2006, S. 49.*

4   *Lucius Burckhardt, »Brache als Kontext – Postmoderne Landschaften – gibt es das?« [1998], in: Markus Ritter, Martin Schmitz (Hg.), »Warum ist Landschaft schön? Die Spaziergangswissenschaft«, Martin Schmitz Verlag, Berlin 2006, S. 107.*

5   *Michael Koechlin, »Die alte Stadtgärtnerei Basel«, Film-Dokumentation, 43 min, Südwestfunk Baden-Baden, 1988.*

6   *Lucius Burckhardt, »Natur hat weder Kern noch Schale«, [1989], in: Markus Ritter, Martin Schmitz (Hg.), »Warum ist Landschaft schön? Die Spaziergangswissenschaft«, Martin Schmitz Verlag, Berlin 2006, S. 61–62.*

7   *Peter Linebaugh, »The Magna Carta Manifesto: Liberties and Commons for All«, University of California Press, Berkeley 2008.*

8   Lieven de Cauter, »Common Places: Preliminary Notes on the (Spatial) Commons«, www.community.dewereldmorgen.be/blogs/lievendecauter/2013/10/14/common-placespreliminary-notes-spatial-commons

9   Ebd.

10 Silvia Federici, »Caliban and the Witch: Women, the Body and Primitive Accumulation«, Autonomedia, New York 2004.

11 Michael Hardt, Antonio Negri, »Common Wealth«, Belknap-Harvard, Cambridge, Massachusetts 2009.

12 Stavros Stavrides, Massimo de Angelis, »On the Commòns. Beyond Markets or States: Commoning as Collective Practice« (Public Interview 2009), in: »An Architektur«, 23, Berlin 2010.

13 Peter Linebaugh, »The Magna Carta Manifesto: Liberties and Commons for All«, University of California Press, Berkeley 2008.

SEVERIN HALDER

LEARNING BY DIGGING

WAS MAN BEIM GÄRTNERN IN GEMEINSCHAFT LERNEN KANN[1]

Säen, Gießen, Düngen und Ernten bilden den Kern des Gärtnerns, doch in urbanen Gärten lernt man noch viel mehr. Denn sie sind eine Bühne für die verschiedenen Aspekte städtischen Lebens – wie Nachbarschaft, Stadtökologie, Lebensmittelproduktion, Politik und Handwerk. Die Lernprozesse, die sich auf dieser Bühne entwickeln, bilden ein Netzwerk des Wissens, das sich in sowie zwischen den Gärten aufspannt und die Vielfältigkeit der Lebewesen, Praktiken und Visionen miteinander verknüpft. Unterschiedliche Momente des Austauschs in Form von Gesprächen, Saatgut, Workshops, Demonstrationen oder Kochrezepten bilden die Knotenpunkte dieses Netzwerkes. Und die Beziehungen, die im Miteinander von Gemeinschaftsgärtner*innen, Nachbarschaftsinitiativen, Salatköpfen, Ökolandwirt*innen und Kompostwürmern entstehen, sind die Kanäle, über die der Wissenstransfer möglich wird. Dabei ist das Lernen ein in der alltäglichen Praxis verwurzelter Prozess, der nicht auf Geistesbildung verengt ist, sondern sich im Spannungsfeld von Theorie und Praxis entfaltet. In urbanen Gärten wird das *learning by doing* zum *learning by digging*.

Auch wenn die Impulse zu gärtnern sehr unterschiedlich sind und z. B. biografischer, ökologischer, sozialer oder genussvoller Natur sein können, schaffen insbesondere urbane Gemeinschaftsgärten ein fruchtbares Umfeld für kollektive und kreative Lernprozesse. Gemeinsame Erfahrungen ermöglichen es, dass sich experimentierfreudige Lerngemeinschaften bilden, die sich und ihr Wissen beständig weiterentwickeln. Charakteristisch ist dabei die Offenheit für Fehler und neue Formen des Lernens und Lehrens, bei denen die Lehrenden und Lernenden gerne mal die Plätze tauschen.

Da die Wissensproduktion urbaner Gärtner*innen durch kollektive Prozesse geprägt ist, folgt nun ein Gespräch zwischen Gartenaktivist*innen, Gemeinschaftsgärtner*innen, Landwirt*innen, Pädadgog*innen und Aktionsforscher*innen. In der Diskussion treffen diejenigen, die sich und ihr autodidaktisches Lernen gerne als *dilettantisch* bezeichnen, auf die vermeintlichen Expert*innen. Die Vielfalt und Gemeinsamkeiten urbaner Gärten und deren Bildungspraxis kommen dabei zutage. Und schlussendlich wird deutlich, dass urbane Gärten, auch wenn sie in einer langen Tradition der Gartenpädagogik stehen, wohl heute, stärker als früher, keine Orte der Nahrungsmittelproduktion, sondern Lernorte und Experimentierräume für ein gutes Leben in der Stadt sind.

Severin: Was ist euer erster Gedanke, wenn ihr an Bildung in urbanen Gärtnern denkt?

Frauke: Ohne es zu merken, lernen die Leute viel in den Gärten. Geht gar nicht anders.

Gudrun: Urbane Gärten sind Orte, wo man ausprobieren kann und praktisch gelernt werden kann – durch Schauen, Schnuppern und Anfassen.

Gerda: Urbane Gärten sind Orte, an denen gelernt wird, ohne dass jemand mit dem Rohrstock oder Zeigestock in der Mitte steht, sondern Bildung gemeinschaftlich passiert.

Joanna: Dass Lehr- und Lernhierarchien aufgebrochen werden, dass da ganz verschiedene Leute voneinander lernen, z. B. Erwachsene von Kindern.

Steffen: Hochbeete, krumme Wege, Nachbarschaftsgrillen und schönes Wetter.

Severin: Welche Rolle spielt Bildung in der urbanen Landwirtschaft?

Joanna: Mich stört es, dass Bildung so ein abstrakter Begriff ist, der sehr akademisiert daherkommt – und eigentlich passiert ja Bildung permanent und ohne gesetzten Rahmen, also informelles Lernen.

Roland: Bildung war der zentrale Punkt, wieso wir den

Stadtgarten begonnen haben, das Urbane war auch wichtig, aber die Landwirtschaft dann schon eher zweitrangig.

Gudrun: Urbane Landwirtschaft? Für mich sind urbane Gärten ein Teil von urbaner Landwirtschaft. Denn es gibt ja jenseits von Gemeinschafts- und Selbsterntegärten auch Agrarwirte, die konventionell Landwirtschaft in der Stadt betreiben, doch nicht so offen sind, und wo sicherlich andere Lernprozesse stattfinden.

Frauke: Wir reden doch von Gemeinschaftsgärten, also gemeinschaftlichem Agieren beim Pflanzen.

Severin: Lasst uns die Frage nach der Begrifflichkeit klären. Wie steht ihr zu dem Begriff Urban Gardening oder wie nennt ihr das, was ihr macht?

Joanna: *Urban Gardening* beschreibt für mich ein Phänomen der letzten Jahre, das ganz massiv geprägt wurde durch den Prinzessinnengarten und Dachgärten in New York und natürlich nicht dem Rechnung trägt, dass es schon ganz lange Gärten in der Stadt gab.

Gudrun: Für mich ist der Begriff zunehmend durchlässig und ich finde das wichtig, dass er offen ist, um niemanden auszuschließen. Ich verstehe darunter mehr als die Gemeinschaftsgärten, für mich zählen auch die Schrebergärten, Schulgärten, Therapiegärten, Baumscheiben und alles Mögliche dazu. Für unsere Arbeit benutzen wir zunehmend den Begriff Gemeinschaftsgarten, weil das Urbane die kleineren Städte und ländlich geprägten Kommunen ausschließt, denn auch dort, z. B. im bayerischen Voralpenland oder im Schwarzwald, entstehen Gemeinschaftsgärten.

Steffen: Ich habe ja den Eindruck, dass die meisten Menschen, die den Begriff *Urban Gardening* benutzen, Schrebergärten da nicht mit einschließen. Wie seht ihr das?

Sabine: Vielleicht hat der Begriff *Urban Gardening* für die Großstädter das Gärtnern aus der verschnarchten spießigen Schrebergartenecke herausgeholt. Inzwischen wächst das ja auch teilweise zusammen. Hier in Berlin suchen die Laubenpieper die *Guerrilla Gardeners*[2] auf und man kämpft zusammen um den Erhalt von Kleingärten und Gemeinschaftsgärten.

Gerda: Für mich ist der Begriff ein Modebegriff, der vor allem in den Medien benutzt wird und dort, wo über das Gärtnern in der Stadt geredet und geschrieben wird. Ich würde es als Stadtgärtnern beschreiben, mit den neuen und den alten Formen.

Steffen: Aber das, was mit dem Begriff assoziiert wird, im Gegensatz zu anderen Gartenformen in der Stadt, ist ja auch, dass man z. B. Dinge grundsätzlich infrage stellt und Konsumkritik äußert.

Gerda: Der weite Begriff des Stadtgärtnerns ist für mich einer, der beim Garten beginnt und die verschiedenen Zugänge offen lässt, ob nun Gesellschaftskritik oder einfach nur die Hände in die Erde stecken. Und das Spannende ist ja die Mischung und dass ein Gespräch über die Verschiedenartigkeit der Zugänge zustande kommt. Und noch was Subversives – ob die Begriffe *Urban Gardening* oder *urbane Landwirtschaft* benutzt werden, hängt doch davon ab, welche Förderprogramme da gerade dahinterstehen.

Frauke: Dass was an diesen Orten passiert, ist das Entscheidende. Dass auf engem Raum soziales Miteinander gelebt wird und Achtsamkeit, Sorgfalt und Geduld gelernt wird. Ist dann auch egal, ob es *urbane Landwirtschaft* oder *Urban Gardening* heißt.

Severin: Was charakterisiert denn in euren Augen die Lernprozesse in den urbanen Gärten?

Svenja: Ein wichtiger Punkt ist das kooperative Lernen und dass alles sehr vom Prozesscharakter geprägt ist. Sonst, in den Unis und Schulen, wird ja viel Wert auf lineares Denken gelegt. Da in den Gärten aber vieles nicht planbar ist, muss man lernen, mit Prozessen umzugehen, und das ist ne schöne Sache.

Joanna: Den Willen zum Lernen finde ich sehr charakteristisch. Es kommen ganz verschiedene Leute zusammen, die aber alle Bock haben zu lernen, und zwar ganz unterschiedliche Sachen.

Gerda: Für mich ist der Bildungsbegriff in den Gärten ein sehr breiter. Das heißt Bildung mit allen Sinnen, also nicht nur mit dem Kopf, sondern mit den Händen – und das Bauchgefühl, wenn ganz andere Menschen ganz andere Dinge tun, gehört auch dazu.

Steffen: Ich unterstelle mal, dass wir alle Bildung als etwas sehen, was automatisch in der Praxis passiert, bei fast allem, was wir tun – zumindest wenn wir es miteinander tun. In den urbanen Gärten jedoch noch mal verstärkt, denn in den Gärten legen wohl viele einfach los, ohne konkrete Vorstellung, was das ist und wie sie damit sich selbst und die eigene Umwelt ändern können.

Severin: Könnt ihr das konkretisieren? Was habt ihr dabei gelernt?

Frauke: Die Leute tun einfach und lernen dabei. Das *Allmende-Kontor* auf dem Tempelhofer Feld ist ein super Beispiel, hier sind 5.000 Quadratmeter, ihr könnt hier was machen mit der Kernidee zu pflanzen, aber es passiert ja auch ganz viel anderes drum herum. Das zeigt, wenn Leute Räume und Möglichkeiten zur Verfügung haben, dann haben sie auch Lust, was zu machen, und dabei lernen sie ganz von alleine, auch weil Ängste weg sind, die in formalisierten Lernprozessen oft da sind.

Gerda: Die verstädterten Menschen lernen, dass man nicht auf Knopfdruck nach Lehrbuch gärtnern kann, denn es gibt noch Sonne, Wind und Mäuse.

Severin: Hat jemand eine Geschichte im Kopf, die das Lernen in den Gärten verdeutlicht?

Gerda: Also die urbanen Gärten sind Säcke voller Geschichten, wie die von Vladimir aus Kasachstan, der immer die größten Tomaten hat, und das, wo sein Garten sehr ungünstige Voraussetzungen hat. Und da bestaunen die Zaungäste des blühenden Gartens die ausgefeilten kasachischen Pflanztechniken. So sehen die konservativen Kleinbürger*innen vom Berliner Stadtrand, etwas eifersüchtig ob der dicken Tomaten von Vladimir, dass es auch anders gehen kann und jemand aus 'nem anderen Land nicht unbedingt der Dümmste ist.

Severin: Worin liegt denn der Unterschied zu formalen Bildungsprozessen?

Steffen: Formalisierte Bildung funktioniert ja so, dass man versucht, möglichst gleiche Leute zusammenzubringen, wie in der Schule, wo sortiert wird nach Alter und unterstellter Leistungsfähigkeit. Wenn wir davon ausgehen, dass Lernen ein sozialer Prozess ist, gewinnt man natürlich durch die Verschiedenartigkeit. Und die sozialen Unterschiede sind etwas, was die Gärten wie wohl kaum einen anderen Lernort auszeichnet.

Gerda: Ich denke, es ist so ein Lernen im Dialog, ob mit Tier, Pflanze oder untereinander. Es handelt sich um einen offenen Prozess ohne definierte Ziele, und dabei die Schnittstellen zu finden, wo man sich aufeinander einlässt, damit es gelingt, das ist die Herausforderung.

Max: Ich merke, dass die Beziehung Mensch–Pflanze den Menschen unheimlich viel gibt, was die Sinnhaftigkeit des Lebens angeht. Aber auch, dass ihnen die Pflanze widerspiegelt, wie gut man sich um sie kümmert und auf ihre Bedürfnisse einlässt. Das sind Prozesse, die unserer Gesellschaft glaube ich ganz guttun.

Gudrun: Besonders ist, dass man ausprobieren kann und Fehler machen darf. So lernt man, dass man etwas falsch machen kann.

Joanna: Na ja, also jeder Garten und auch wir behaupten gerne, dass Fehler machen erlaubt ist, aber dann gibt es schon auch so perfektionistische Tendenzen. Also ich finde, wir sollten uns öfters fragen, inwieweit wir den riesigen Idealen, denen wir in den Gärten nacheifern, wirklich gerecht werden.

Max: Ich denke, dass die urbane Landwirtschaft, wenn sie formalisierte Bildungsprozesse durchläuft, vielleicht gar nicht mehr das ist, was sie ist. Da kommen wir auf die Frage, welche Wertigkeit hat Laienwissen? Dazu fällt mir das Zitat »Wir müssen die Unprofessionalität professionalisieren« aus dem *Allmende-Kontor* ein.

Severin: Wo seht ihr denn Lücken in den Lernprozessen bei den urbanen Gärtner*innen?

Frauke: Ich sehe Lücken, wenn das Gärtnern so hip und schick wird, so wie bei dem *Guerrilla-Gardening*-Hype, durch den dann irgendwo gepflanzt wird, wo man sich gar nicht um die Pflanzen kümmern kann und sie dann eingehen. Durch das

Stylische geht eben die Sinnhaftigkeit und Achtsamkeit verloren.

Sabine: Wenn es zu heftig knallt zwischen den Menschen unterschiedlichster Couleur und es nicht gelingt zu moderieren und die Leute wieder zusammenzubringen, dann gibt es da manchmal 'ne heftige Lücke.

Svenja: Das Gärtnern ist eine komplexe Sache, es wird oft etwas zu sehr vereinfacht in den urbanen Gärten und man landet schnell beim »Hurra, wir machen unser Saatgut selber und retten die Welt«. Anstatt dass man Leute aufsucht, die sich schon seit Jahrzehnten mit dem Thema beschäftigen.

Max: Ein Problem dabei ist aber auch, dass man die Methoden der professionellen Landwirtschaft nicht eins zu eins übernehmen kann, ohne nicht auch deren implizierte Zielsetzungen zu übernehmen. Deshalb müssen wir teilweise auch neues Wissen aus der Kombination von Erfahrungs- und Fachwissen in den urbanen Gärten schaffen.

Steffen: Für mich ist Bildung auch ein Prozess, der idealerweise dazu führt, sich selbst und die Welt anders zu sehen. Und in den urbanen Gärten gibt es ja viele Anknüpfungspunkte z. B. zum *Land Grabbing*.[3] Doch wenn ich mir diesen Teil anschaue, dann ist es vielleicht etwas einfach zu sagen, Bildung findet immer statt, wenn Menschen zusammenkommen, denn das passiert nicht ganz automatisch und hat eben auch damit zu tun, dass man sich Räume schafft zur gemeinsamen Reflexion.

Gudrun: Eine Frage ist ja auch, wie bleibt das, was gelernt wird, im Garten und wird Allgemeingut? Und wie gelingt es uns, dieses Wissen im Netzwerk der Gärten zur Verfügung zu stellen?

Joanna: In den Gärten sollte auch Raum dafür da sein, dass man das Rad neu erfinden darf, denn wenn man sich das Wissen selbst erarbeitet hat, dann hat man einen anderen Zugang dazu.

Severin: Habt ihr eine Situation im Kopf, die die Wissenslücken in den urbanen Gärten widerspiegelt, so eine schöne urbane Gartenszene voller Dilettantismus?

Svenja: Also bei uns im Garten waren die Bohnen am Blühen und auf einmal steht da jemand und will »diese hübschen Orchideen« haben.

(Gelächter)

Joanna: Was mich ziemlich beeindruckt hat, auch wenn es echt klischeehaft war, als bei uns ein kleiner Junge im Garten war, der sich geweigert hat, mir zu glauben, dass dieses ovale orange Ding eine Tomate ist. Bis wir es gemeinsam aufgeschnitten und gegessen haben.

Max: Schön war auch, als eine Schrebergärtnerin in unseren Garten kam und einen Schreikrampf bekam bei dem Anblick eines blühenden Löwenzahns und uns dann lange Vorträge hielt über die Gefahr des Löwenzahns.

(Gelächter)

Max: Was auch immer bei uns vorkommt, ist, dass die Leute aufs Allerfeinste hacken, jäten und alles pflegen, aber das Gemüse nicht ernten. Und ich kam dann dahinter, dass der finale Schnitt am Salatkopf, den man wochenlang gehegt und gepflegt hat, eine Begleitung braucht. Viele Menschen sind es, wohl auch durch ihre Zimmerpflanzen, nicht mehr gewohnt, einen Nutzenanspruch an eine Pflanze zu formulieren.

Severin: Was ist denn für euch das Politische an der Bildung in den urbanen Gärten?

Svenja: Ich denke, es ist sehr politisch, zu lernen, Verantwortung zu übernehmen. Und das passiert in diesen offenen Räumen, in denen nichts passiert, wenn ich nichts mache, und durchaus etwas passiert, wenn ich etwas tue.

Frauke: Das Aktivsein in solchen Prozessen verändert das Alltagshandeln wie z. B. das Konsumverhalten, wenn man weiß, wie mühevoll es ist, drei Karotten zu ernten.

Steffen: Ich denke, man sollte sich immer kritisch mit kritischem Konsum auseinandersetzen, insbesondere wenn Leute das für sich selber beanspruchen, denn wenn man sich z. B. die Discounter, die Marktkonformität des Biolabels und den anhaltenden Druck auf die Kleinbauern ansieht ... Ich würde den Aspekt der Stadtveränderung eher betonen wollen. Das Gärtnern ist ein Bildungsprozess, zu dem einen die eigene Praxis ermächtigt und das Gefühl gibt, man kann etwas verändern. Das wiederum verwandelt, in einem gemeinschaftlichen Prozess, unser Bild davon, wie wir »Stadt denken«, und kann dann solche *Transition-Town*-Effekte[4] haben.

Frauke: Ich hätte noch das Beispiel von *Rosa Rose*. Ein Bezirksparlament, wohl nicht ganz bewusst auch, beschließt, durch eine rosa Gedenktafel im Gehweg daran zu erinnern, dass durch Polizeieinsatz private Flächen dem Allgemeinzugang entzogen worden sind. Das ist eine Würdigung des Engagements der Stadtbewohner*innen und deren Wunsch, ungenutzte Flächen durch die Allgemeinheit zu nutzen. Dass diese Kritik am Eigentumszuschnitt durch Privatbesitz durch eine Gedenkplatte legalisiert wird, ist schon etwas Besonderes.

Gudrun: Ein Beispiel, welches für mich das Politische verdeutlicht, ist der Färberpflanzen-Workshop im Mädchengarten Gelsenkirchen. Manche der Mädchen, die dort mitmachen, gehen auf Förderschulen, in denen es keinen Chemieunterricht gibt, haben aber über das Färben mit Pflanzenfarben ganz praktischen Chemieunterricht und geben dieses Wissen dann sogar an anderen Schulen in Workshops weiter.

Joanna: Der ganze Garten ist ein Politikum, ich kann das gar nicht herunterbrechen, auch wenn für mich die ganze »Recht auf Stadt«-Diskussion ein Punkt ist. Aber so vielfältig politisch, wie die Gärten sind, ist eben auch die Bildung in den Gärten politisch.

Svenja: Immer wenn man zusammen mit anderen, die anders sind als man selbst, etwas aufbaut, einen Freiraum gestaltet, muss man sich mit bestehenden Dingen auseinandersetzen, kann aber auch viele Dinge neu definieren. Das zu lernen macht Menschen mündig, um Dinge zu verändern.

Severin: Wir müssen zum Ende kommen, was liegt euch noch am Herzen?

Gudrun: Die urbanen Gärten und die vielfältigen Formen, dort Bildung zu erfahren, ob formell, aber vor allem auch informell, sind noch überhaupt nicht richtig anerkannt.

Gerda: Ich denke, jeder Mensch hat ein Recht auf Bildung. Die Bildungschancen für Menschen werden zunehmend unterschiedlich, da ist das Gärtnern in der Stadt eine Möglichkeit, Menschen mit Bildung in Kontakt zu bringen und sie zu ermächtigen, ihren Ort in der Gesellschaft zu finden. Der Begriff der bildungsfernen Schichten sortiert ja die Gesellschaft und an vielen Orten sind wir sortiert, aber bei uns im

Allmende-Kontor haben wir keine sortierte Gesellschaft, von Analphabet*innen bis Universitätsprofessor*innen ist alles dabei. Und dort kannst du dann mit Stadtgesellschaft in voller Breite auch andere Dinge bewegen.

Steffen: Ich denke, man erkennt, dass die Gärten ein Raum sein können, wo es um mehr geht und man sich Gedanken macht, wie wir leben wollen. Dazu könnte man die Vernetzung untereinander verbessern, um noch mehr in einen Erfahrungsaustausch zu treten.

Severin: Für mich wurde in dem Gespräch deutlich, dass die Gärten eine multifunktionale Plattform für verschiedene Themen sind und die Lernprozesse dabei wohl so etwas wie das Netzwerk bilden, das alles miteinander verbindet.

Danke an euch alle und besonders auch dafür, dass ihr mit eurer Dynamik das Konzept des Interviews verwandelt habt. Hoffentlich war es nur einer von vielen weiteren Schritten der kollektiven Reflexion der urbanen Gartenbewegung.

GESPRÄCHSPARTNER

Frauke Hehl begleitet seit über 15 Jahren u. a. mit der *workstation ideenwerkstatt e. V.* Prozesse der Selbstverwaltung, darunter auch Gemeinschaftsgärten wie *Rosa Rose* und das *Allmende-Kontor*.

Gerda Münnich vernetzt und berät seit über zehn Jahren Gemeinschaftsgärten in Berlin, insbesondere interkulturelle Gärten, und ist u. a. im *Allmende-Kontor* und im *Wuhlegarten* aktiv.

Gudrun Walesch berät, fördert und vernetzt als Mitarbeiterin der Stiftungsgemeinschaft *anstiftung & ertomis* bundesweit Gemeinschaftsgärten.

Joanna Nogly ist Initiatorin des *Stadtgartens Nürnberg*.

Max von Grafenstein ist Ökolandwirt und Gründer der *Bauerngärten* in Berlin.

Roland Brücher ist Initiator des *Stadtgartens Nürnberg*.

Sabine Friedler ist Gründungsmitglied des *Bürgergartens Laskerwiese* in Berlin und leitet das benachbarte Jugendzentrum *E-LOK*, zu dessen Profil aktive Stadtteilarbeit gehört.

Severin Halder ist Gartenaktivist im *Allmende-Kontor*, Aktionsforscher und promoviert an der Freien Universität Berlin.

Steffen Kühne arbeitet als Referent für politische Bildung im Themenfeld Nachhaltigkeit und sozial-ökologischer Umbau für die Rosa-Luxemburg-Stiftung.

Svenja Nette tut diverse Dinge im Prinzessinnengarten in Berlin.

SEVERIN HALDER

Severin Halder ist Geograf und gärtnert gerne, hat dafür aber wenig Zeit, denn er beschäftigt sich meist mit Selbstorganisation, Aktionsforschung, politischer Ökologie und emanzipatorischer Bildung.

ENDNOTEN

1   *Der Artikel basiert auf Teilen des Handbuchs »Wissen wuchern lassen«. (Severin Halder, Dörte Martens, Gerda Münnich, Andrea Lassalle, Eckhard Schäfer (Hg.), »Wissen wuchern lassen – Ein Handbuch zum Lernen in urbanen Gärten«, AG Spak, Berlin 2014.) und der sich in Ausarbeitung befindenden Doktorarbeit des Autors. Der Artikel wird unter einer Creative-Commons-Lizenz veröffentlicht.*

2   *David Tracey sagt »Guerrilla Gardening ist Autonomie in grün. Du kannst es sogar selber definieren.« David Tracey, »Guerrilla Gardening – A Manualfesto«, New Society Publishers, Gabriola Island 2007. Ich würde es als politische Pflanzaktionen im öffentlichen Raum ohne Genehmigung verstehen.*

3   *Land Grabbing beschreibt einen Prozess, bei dem Boden, der bisher von der lokalen Bevölkerung genutzt wurde, von privaten oder staatlichen Investoren aufgekauft oder über lange Zeiträume gepachtet wird.*

4   *Transition Towns stellen sich die Frage, wie Städte auf die Herausforderungen und Chancen reagieren, die durch das Ölfördermaximum und den Klimawandel entstehen.*

KRISTINA VAGT

MOTOR GARTENSCHAU

DIE INSZENIERUNG DES URBANEN GRÜNS

Private Gärten und öffentliche Parks sind Sehnsuchts- und Rückzugsorte. Gerade auch Großstädter treibt der Wunsch nach Abstand von der schnellen Taktung, der Soundkulisse und den Gerüchen der Großstadt ins Haus mit Garten am Stadtrand oder in den Kleingarten.[1] Den eigenen Garten wollen wir nach unseren Vorstellungen gestalten, Selbstangebautes ernten und Müßiggang betreiben.

Wer keinen Garten besitzt und nicht die Stadt hinter sich lassen kann, dem bleibt der Besuch von öffentlichen Parks und Gärten. Parks – mehr oder weniger gut gepflegt – gehören für uns heute wie selbstverständlich zum Stadtbild und schienen bisher seltener von städtebaulichen Änderungen betroffen zu sein. Dabei wandeln sich viele Parks mit neuen Moden der Garten- und Landschaftsgestaltung und gesellschaftlichen Entwicklungen und können damit zum Spiegel und Schaufenster der jeweiligen Zeit werden.

In den letzten Jahrzehnten sind viele Parks im Rahmen von Gartenschauen neu entstanden oder umgestaltet worden. Gartenschauen wiederum haben sich zu Großveranstaltungen der Gartenbaulobby und zum Motor für Stadtentwicklung entwickelt. Hier stellen Landschaftsarchitekten und Berufsgärtner ihr Können unter Beweis. Das Veranstaltungsgelände wird neu gestaltet, Ausstellungsgebäude werden hineingesetzt. In Hallen- und Freilandausstellungen werden Pflanzenneuheiten arrangiert, Rollrasen und Blumenteppiche ausgelegt, Spielplätze angelegt und hohe Zäune um das Gelände errichtet, um Eintritt zu nehmen. Oftmals erscheint es so, dass Gartenschauen nach einer Art Baukastenprinzip entstehen – jahrelang vorbereitet und dann nur von kurzer Dauer. Doch was bleibt tatsächlich nach dem Event?

In den letzten Jahren ist immer wieder Kritik aufgekommen. Für Unmut sorgen die hohen Kosten für die Vorbereitung und Durchführung der Veranstaltung. Weiterhin ist das Gelände während der Veranstaltung umzäunt und für die lokale Bevölkerung nicht frei zugänglich. Um zumindest einen Teil der Kosten wieder einzuspielen, werden in der Regel hohe Eintrittsgelder genommen.

Dies war auch bei der *Internationalen Gartenschau* (*igs*) in Hamburg der Fall, die 2013 auf der Elbinsel Wilhelmsburg stattfand. Weitere Kritikpunkte waren, dass der Park von einer stark befahrenen Straße durchschnitten war, die Werbung unzureichend war, es am Ende große finanzielle Defizite gab und schließlich ein Gelände übrig blieb, das erst noch zu einem Park für die alltägliche Nutzung umgestaltet werden musste. Die großen Hoffnungen der Politik, dass sich der gesamte Stadtteil, der bislang als sozialer Brennpunkt galt, durch eine Gartenschau und eine parallele *Internationale Bauausstellung* (*IBA*) umwandeln und stabilisieren ließe, haben sich bislang nicht erfüllt.

Dabei war Hamburg mit einer langen Tradition und Erfahrungen angetreten, hatten dort doch seit dem 19. Jahrhundert sechs Gartenbauausstellungen stattgefunden, die mehr oder weniger erfolgreich waren und durch die der heutige Park *Planten un Blomen* zu einem beliebten, zentral gelegenen Ausflugsziel geworden ist.

Blick zurück

Die ersten Gartenbauausstellungen fanden im 19. Jahrhundert statt. Ausstellungen galten generell als Vergnügungen für bürgerliche Schichten. In den 1920er Jahren entstanden mit Gartenschauen vermehrt große Parks, so 1929 der Grugapark in Essen. *GRUGA* stand für *Große Ruhrländische Gartenbau-Ausstellung*. Die Nationalsozialisten veranstalteten drei *Reichsgartenschauen*. Aus der größten – der Stuttgarter Reichsgartenschau 1939 – ging der Höhenpark Killesberg hervor, der schon 1950 wieder Schauplatz für eine Gartenschau war und immer noch besteht. Nach dem Zweiten Weltkrieg standen die *Bundesgartenschauen* und *Internationalen*

Gartenbauausstellungen (*IGA*) im Zeichen des städtebaulichen Wiederaufbaus. Seit 1951 werden die Bundesgartenschauen durchgehend im zweijährigen Turnus veranstaltet, die IGAs im zehnjährigen. Hinzu kommen seit einigen Jahren Landesgartenschauen, meist ausgerichtet von kleineren Städten. In der DDR wurde Erfurt ständiger Veranstaltungsort für Gartenschauen. Sind Gartenschauen also eine Erfolgsgeschichte? Was erhoffen sich so unterschiedliche Städte – und neuerdings Regionen – wie Hamburg (2013), die Havelregion (2015), Eutin (2016), Berlin (2017), Bad Schwalbach (2018), Heilbronn (2019) und Erfurt (2021) von Landes-, Bundes- und Internationalen Gartenschauen? Die Deutsche Bundesgartenschau-Gesellschaft, die für die Vergabe und Organisation der Bundesgartenschauen zuständig ist, hält Antworten parat:

> »Gartenschauen tragen die Leitideen von ›Grün in der Stadt‹. Mit ihnen entstehen urbane Orte der Begegnung von Jung und Alt, Eingesessenen und Zugewanderten ohne Ausgrenzung. Ihre qualifiziert und kreativ aber auch häufig naturnah gestalteten Grünräume und Stadtbiotope dienen der Erholung, der Wissensvermittlung, dem Miteinander in Sport, Spiel und Freizeit. Sie dienen der Integration und übernehmen damit eine entscheidende Rolle zur Stärkung des gesellschaftlichen Zusammenhalts.«[2]

Das klingt nach guten Ansätzen und hohen Ansprüchen, aber gleichzeitig drängt sich der Verdacht auf, dass handfeste wirtschaftliche Interessen im Spiel sind.

Tatsächlich sind viele Städte an der Austragung der Gartenschauen interessiert, um bestehende Parks zu sanieren und brachliegende Konversionsflächen landschaftsarchitektonisch umzugestalten. Während der Dauer sollen die Veranstaltungen Touristen anlocken und das städtische Image verbessern. Sie richten sich nicht nur an Berufs- und Hobbygärtner, sondern an die breite Masse. Für Familien mit Kindern sind Kinderspielplätze, Hochseilgärten und Skateparks vorgesehen. Am Ende bleibt die Hoffnung, dass der sanierte oder neu entstandene Park nach Ende der Gartenschau einen nachhaltigen Mehrwert für die lokale Bevölkerung haben wird.

Beispiel Hamburg

Als Historikerin erscheinen mir gerade auch die Gartenschauen der Nachkriegszeit interessant, da mit ihnen politische und wirtschaftliche Interessen verbunden waren und sie avantgardistische architektonische und künstlerische Elemente hatten.

Deutlich werden diese Aspekte am Beispiel der Stadt Hamburg, die seit dem 19. Jahrhundert mehrere Gartenschauen veranstaltet hat und sich nach dem Zweiten Weltkrieg durch drei Internationale Gartenbauausstellungen wieder international ins Gespräch bringen wollte.[3] Besonders geprägt wurde durch die Veranstaltungen der heutige Park *Planten un Blomen*, der aufgrund seiner Schönheit und zentralen Lage Besuchermagnet für Einheimische und Touristen ist. Beim Durchwandern des 47 Hektar großen Parks blättern sich unterschiedliche Zeitschichten auf, wenn man nur genau hinschaut und nach topografischen Bedingungen und städtebaulichen Veränderungen fragt. Es lohnt sich dabei, sich an die Ratschläge des Soziologen Lucius Burckhardt zu halten, der ab den 1970er-Jahren den Begriff *Spaziergangswissenschaft* geprägt hat. Unermüdlich plädierte er dafür, sich mit offenen Augen den städtischen Raum zu erwandern und dabei zu fragen: »Warum ist Landschaft schön?«[4] Oder es ließe sich dabei fragen: Warum ist Landschaft so, wie sie ist? Wie ist sie so geworden?

Bevor wir uns auf die Wanderung begeben, macht uns ein Blick auf den Stadtplan deutlich, wo wir uns befinden: im Bereich der ehemaligen Wallanlagen zur Befestigung der Stadt. Dieser Ring mit 22 Bastionen war zwischen 1616 und 1625 um die Stadt gelegt worden. Wie in vielen anderen Städten wurden die Befestigungsanlagen im 19. Jahrhundert nach dem Abzug der französischen Besatzer niedergelegt und die Wallanlagen nach Vorbild englischer Landschaftsgärten zur öffentlichen Grünanlage – einer Promenade – umgestaltet. Und schon 1821 wurde der zehn Hektar große Botanische Garten als wissenschaftlicher Lehrgarten in der Nähe des Dammtors angelegt.

Der heutige Park *Planten un Blomen*, der die Großen und Kleinen Wallanlagen, den Alten Botanischen Garten und den ursprünglichen Park *Planten un Blomen* umfasst, wurde seit dem 19. Jahrhundert vor allem im Rahmen von Gartenbauausstellungen entwickelt. Die ersten Gartenbauausstellungen fanden schon 1869 und 1897 statt. *Planten un Blomen* entstand für die Niederdeutsche Gartenschau 1935, eine Propagandaschau der Nationalsozialisten. Die niederdeutsche Bezeichnung *Planten un Blomen* für *Pflanzen und Blumen* deutet schon darauf hin, dass der Park einen überwiegend norddeutschen Charakter haben sollte. Seine heutige Gestalt erhielt er durch die drei folgenden Internationalen Gartenbauausstellungen 1953, 1963 und 1973.

Wir beginnen unseren Spaziergang von Süden kommend. Die Elbe und die Landungsbrücken mit dem touristischen Trubel haben wir hinter uns gelassen und sind durch den Elbpark gewandert. Dass dieser Park Austragungsort für die erste Internationale Gartenbauausstellung 1869 in Hamburg war, dürfte selbst Hamburgern kaum bekannt sein, zumal von den Ausstellungsgebäuden und der Anlage nichts erhalten ist. Seit 1906 erhebt sich dort das 34 Meter hohe Bismarck-Denkmal, ein Wahrzeichen der Stadt. Ich fühle mich erinnert an Beschreibungen von Nachbarschaftsparks der amerikanischen Städtebaukritikerin und Aktivistin Jane Jacobs. Sie charakterisierte diese im Gegensatz zu den großen populären Parks als »traurige[n] Leerräume[n], die sich Parks nennen, aber von Verfall umgeben, wenig benutzt und unbeliebt sind«.[5] Denn der Elbpark wirkt ungepflegt und verwaist, stellenweise sogar wie ein Wald und ist Anlaufstelle für Wohnungslose und Gestrandete der nah gelegenen Reeperbahn. Eigentlich wollte die Hamburger Politik diesen Park für die IGA 1973 an die Wallanlagen anschließen und neu gestalten lassen. Die Besucher hätten nicht mehr den stark befahrenen Millerntordamm überqueren müssen, sondern es hätte eine Unterführung oder Brücke gegeben. Wie so oft scheiterte das Vorhaben aus Kostengründen. Als es dann nicht mit der Bewerbung um die IGA 1983 klappte, da München den Zuschlag erhielt, wurde der Plan begraben.

Wir haben es nun geschafft, den Millerntordamm zu überqueren, haben die Reeperbahn links liegen gelassen und betreten nahe der historischen Millerntorwache die Großen Wallanlagen, eine gestaltete Landschaft mit Wegen, Wasserflächen und abwechslungsreicher Pflanzenwelt. Sie waren schon Austragungsort für die Allgemeine Gartenbauausstellung 1897. Ausstellungshallen, ein Treibhaus, Cafés und Bierhallen gruppierten sich um den Stadtgraben, über den eine große Hängebrücke führte. Es war die erste Gartenbauausstellung überhaupt in Deutschland, für die ein Gelände aufwendig gestaltet wurde und die über mehrere Monate stattfand.[6] Übrig ist von den Gebäuden und der Topografie heute nichts mehr. Denn die Gebäude wurden nach der Ausstellung abgerissen und das Gelände wurde im Zweiten Weltkrieg bei Luftangriffen getroffen. Nach 1945 wurde der ehemalige Stadtgraben mit Trümmern verfüllt und das Gelände als fließende, gewellte Landschaft modelliert. Erhalten ist aus der Zeit vor dem Zweiten Weltkrieg überhaupt nur ein großes Gebäude – das Museum für Hamburgische Geschichte, das 1922 am südöstlichen Ende eröffnet worden war.

Der zugeschüttete Stadtgraben sollte für die IGA 1963 wieder sichtbar gemacht werden – nicht historisierend, sondern abstrakt, indem Wasser durch unterschiedliche Wasserbecken, Wassertreppen und Fontänen geleitet wurde. Dabei fand ein neuer Baustoff im Park Verbreitung: Beton! Geradezu kahl wirkte die Gestaltung damals auf die Besucher, besonders wohl auf diejenigen, die mit der Gondelbahn vom Heiligengeistfeld durch die Großen und Kleinen Wallanlagen bis zum Alten Botanischen Garten schwebten. Den Gesamteindruck dominierten Rasen-, Wasser- und Betonflächen. Dies wurde von Kritikern durchaus positiv bewertet, liebliche Gestaltungsformen der 1950er-Jahre waren nicht mehr angesagt.[7] In den 1970er-Jahren prägte der Volksmund allerdings den Namen *Platten und Beton* für *Planten un Blomen*, da die breiten asphaltierten Wege der IGA 1963 und 1973 kaum natürlich wirkten. Auch wenn in den 1980er-Jahren die breiten Asphalt-schneisen zurückgebaut wurden, gewinnt man noch heute an einigen Stellen einen Eindruck von der damaligen Unwirt-lichkeit: z. B. bei den breiten, dunklen Straßenunterführun-gen am Sievekingplatz und der Jungiusstraße. Hier war das Parkgelände abgesenkt worden, damit die Parkbesucher nicht mehr die Straßen kreuzen mussten. Wie hineingebeamt in den Park wirkt die Eisbahn, deren Asphaltfläche im Sommer pur daliegt. In den nächsten Jahren soll die Eisbahn technisch saniert werden. Es ist zu hoffen, dass die Anlage, die noch den Charme der 1970er-Jahre hat und wie der gesamte Park unter Denkmalschutz steht, nicht völlig umgebaut wird.

Ansonsten sind die damals kahlen Bereiche stark bewach-sen, etwa im Bereich um das Teehaus. Dieser kleine moderne Bau von 1963 scheint über einem Teich zu schweben. Er soll in den nächsten Jahren denkmalgerecht saniert werden.

Wie eine Oase mit südlichem Flair wirken die nach Süden ausgerichteten Mittelmeerterrassen, die uns später im Alten Botanischen Garten begegnen. Auf den markanten weißen Holzstühlen sitzend, lässt sich hier Sonne tanken. Unser Blick schweift über den ehemaligen Stadtgraben, der hier dem Zu-stand vor dem Rückbau der Wallanlagen gleicht. Die Terrassen sind geprägt durch Schieferplatten, die die Wärme speichern und damit das richtige Klima für Hibiskus, Zypressen und Li-monen bieten. Die Schaugewächshäuser mit subtropischen Pflanzen, Kakteen und Farnen, erbaut von dem Hamburger Ar-chitekten Bernhard Hermkes, waren nicht ohne Protest im *Alten Botanischen Garten* realisiert worden. Die Kritiker befürchteten, dass das Ensemble ein Fremdkörper im Alten Botanischen Gar-ten wäre. Immer noch sind die Schaugewächshäuser Teil des

Botanischen Instituts, das Ende der 1970er-Jahre nach Klein Flottbek zog, wo der *Neue Botanische Garten* entstand.

Nun nähern wir uns dem Bereich, der ursprünglich *Planten un Blomen* hieß. Hier war 1861 der Zoologische Garten mit Elefanten, Affen, Flamingos und anderen exotischen und einheimischen Tieren eröffnet worden. Er verlor seine Bedeutung, als 1907 Hagenbecks Tierpark in Stellingen – weitaus größer und mit mehr Tierarten – eingerichtet wurde. Jahrelang galt die Situation als völlig unbefriedigend, bis die Nationalsozialisten ein neues Prestigeprojekt angingen: 1934 begannen die Arbeiten für die Niederdeutsche Gartenschau, 1.800 Männer des Reichsarbeitsdienstes gruben das Gelände um. Zwar sollte der Park zunächst der norddeutschen Pflanzenwelt vorbehalten sein, tatsächlich waren aber auch viele exotische Pflanzen zu finden: Orchideen, Bananenstauden, Kakteen. Denn als *Tor zur Welt* sollte Hamburg auch in seinem neuen Park Internationalität ausstrahlen.

1953 – nur acht Jahre nach dem Zweiten Weltkrieg – präsentierte sich Hamburg neu mit der *Olympiade der Gärtner,* wie die Internationale Gartenbauausstellung beworben wurde. Vor blühender Kulisse sollte sich Deutschland als Nation der friedliebenden Gärtner präsentieren. 15 Nationen nahmen teil, zehn Jahre später waren es sogar 35. 1953 wurde es am Parksee mediterran durch Palmen, eine venezianische Gondel und die Taverna Isola Bella, die Chianti und Espresso servierte. Nach dem Zweiten Weltkrieg und den folgenden Mangeljahren waren die blühenden Gärten sicherlich besonders beeindruckend. In den Park eingestreut waren neue Cafés, der Philipsturm mit Aussichtsplattform und moderne Kunstwerke. Für die IGA 1963 wurde hier wenig verändert, dann aber 1970 Platz für Neues gemacht. Denn die IGA 1973 stand bevor. Dran glauben mussten Relikte der Niederdeutschen Gartenschau wie das Eingangsgebäude, die Kakteenhäuser und das Orchideencafé. Ebenso wurden Gebäude der IGA 1953 abgerissen, die weniger als 20 Jahre alt waren: der Philipsturm, das Pflanzenschauhaus und der Hamburg-Pavillon. Diese Gebäude – ebenso wie das Café Seeterrassen, das bis heute besteht – hatten eine leichte und moderne Anmutung, erbaut von den damals das Hamburger Stadtbild prägenden Architekten.

Nun wurde in größeren Dimensionen gebaut: das *Congress Centrum Hamburg* (*CCH*) und das 108 Meter hohe Plaza Hotel entstanden. Mit diesem Komplex sollte Hamburg sich international als Messe- und Kongressstadt profilieren, so die Wunschvorstellung. Seit 1990 führt ein überdachter Verbindungsweg vom CCH zum nahen Messegelände. Von diesem Weg aus treten wir in unterschiedliche Szenerien ein. Zur Rechten begegnet uns ein Japanischer Garten von 1990 mit einer Steinlandschaft um einen Teich und einem reetgedeckten Teehaus auf einer kleinen Insel. Zur Linken kommen wir durch eine Maueröffnung auf einen parallelen Asphaltweg. Dahinter befindet sich die breite Marseiller Straße, die ins Kellergeschoss des CCH führt. Diese könnte demnächst zugeschüttet werden, um ein neues Stück Park zu gewinnen. Es wäre eine Kompensation dafür, dass beim derzeitigen Umbau des CCH umgebende Parkflächen bebaut werden. Der entsprechende Siegerentwurf eines Architekturwettbewerbs sieht außerdem vor, den Dag-Hammarskjöld-Platz hinter dem Dammtorbahnhof besser mit dem Park zu verbinden.[8] Ob die Erweiterung erfolgen kann, hängt wieder einmal von Finanzierungsmöglichkeiten ab.

Einige Schritte weiter zur Rechten gibt es wieder eine ganz andere Szene: An warmen Sommertagen tummeln sich dort unzählige Kinder auf dem Spielplatz, der für die IGA 1973 entstanden ist. Eine Attraktion sind die mit langen Rutschen ausgestatteten gelben Kletterberge, in die die Kinder hineinkriechen können. Außerdem gibt es Planschbecken mit Wasserspritzen und Pumpen und alle möglichen Klettergeräte, Wippen, Schaukeln, Karussells.

Lebendig geht es auch rund um den Parksee zu, wenn sich der Tag dem Ende neigt und die Wasserlichtkonzerte beginnen. Seit Jahren sind sie unverändert: Bunt angeleuchtete Fontänen schießen im Rhythmus der Musik aus dem Lautsprecher in die Höhe. Meist ist es eingängige Klassik, aber auch Filmmusik. Die erste Fontäne, die von der Propagandaschau *Schaffendes Volk* 1937 in Düsseldorf stammte, wurde 1938 installiert.

Dieser Bereich hat vielleicht auch am meisten Kontinuität. Der See war immer Mittelpunkt dieses Parkbereichs und Attraktion für die Parkbesucher. Immer wieder beeindruckend ist, wie gemischt heute das Publikum ist. Bei dieser Umsonst-und-Draußen-Veranstaltung erlebt man vielleicht am ehesten in Hamburg, wie bunt die heutige Stadtgesellschaft ist.

Auf dem Rundgang sind uns viele Versatzstücke aus unterschiedlichen Jahrzehnten begegnet. Die Gartenbauausstellungen haben viele innovative Gestaltungsideen und Bauten mit sich gebracht, die teilweise noch vorhanden und sichtbar sind. Einige Elemente haben mehr Retroflair als andere, ohne dass sich alle auf den ersten Blick einem Jahrzehnt zuordnen lassen. Dass sich die Bereiche zu einem harmonischen Gesamteindruck zusammenfügen, liegt auch an den Pflanzen, die die unterschiedlichen Bereiche verbinden. Übrigens ist *Planten un Blomen* immer noch der am besten gepflegte Park Hamburgs, auch wenn der Etat seit Jahren nicht gestiegen ist. Allerdings ist das Wissen um die Tradition der Gartenschauen und die Geschichte der Wallanlagen wenig bekannt.

Und was bleibt?

Öffentliche Parks und Gärten sind für uns heute mit vielfältigem urbanem Leben verknüpft. Nicht mehr nur flanieren wir über die Wege und betrachten von dort aus in Kontemplation versunken die Pflanzenwelt, sondern erschließen uns die grünen Räume mehr und mehr für verschiedenste Aktivitäten. Die *Besitzergreifung des Rasens* ist ein junges Phänomen. Dieses Schlagwort des Landschaftsarchitekten Günther Grzimek, der 1972 den Olympiapark in München gestaltete und Abkehr von repräsentativen Funktionen der Parks nahm, gefällt mir, da es so anschaulich ist: Sonnenbaden, Picknicken, Ballspielen – all dies ist heute möglich, ohne dass uns *Betreten-verboten*-Schilder davon abhalten.[9]

Ein öffentlicher Park oder Garten gewinnt also sehr durch seine Besucher, denn sie füllen ihn mit Leben. Ob dies tatsächlich bei einem Park gelingt, der durch eine Gartenschau entstanden ist oder umgestaltet wurde, zeigt sich jedoch erst nach Ablauf der Veranstaltung. Wichtig ist, dass die Politik Finanzmittel und Personal zur Verfügung stellt, die notwendig für einen attraktiven Alltagsbetrieb sind. Letztlich ist dann zu hoffen, dass der Park auch durch den Aneignungsprozess durch die Parkbesucher weitere Gestalt gewinnt.

KRISTINA VAGT

Kristina Vagt ist freie Historikerin, Autorin und Kuratorin. Sie hat sich im Rahmen ihrer Dissertation aus historischer Perspektive mit den Gartenschauen beschäftigt. Sie schaut gern in *Planten un Blomen* vorbei, da es dort immer wieder Neues zu entdecken gibt und es Spaß macht, die Besucher zu beobachten.

ENDNOTEN

1   *In den letzten Jahren haben einige persönlich gehaltene Bücher diese Sehnsucht beschrieben – teilweise selbstironisch wie bei Wladimir Kaminer – und Bestsellerstatus erlangt: Wladimir Kaminer, »Mein Leben im Schrebergarten«, Goldmann Verlag, München 2007 und Wladimir Kaminer, »Diesseits von Eden. Neues aus dem Garten«, Goldmann Verlag, München 2013; Jakob Augstein, »Die Tage des Gärtners. Vom Glück, im Freien zu sein«, Deutscher Taschenbuch Verlag, München 2013.*

2   *Positionspapier des DBG für das Weißbuch des Bundesministeriums für Umwelt, Naturschutz, Bau und Reaktorsicherheit, www.bundesgartenschau.de/ueber-die-dbg/unsere-aufgaben-und-ziele.html*

3   *Kristina Vagt, »Politik durch die Blume. Gartenbauausstellungen in Hamburg und Erfurt im Kalten Krieg (1950–1974)«, Forum Zeitgeschichte, Bd. 24, Dölling & Galitz Verlag, München, Hamburg 2013.*

4   *Lucius Burckhardt, »Warum ist Landschaft schön? Die Spaziergangswissenschaft«, Markus Ritter, Martin Schmitz (Hg.), Martin Schmitz Verlag, Berlin 2006. Dass Burckhardts Forschungsansätze immer noch aktuell sind und auch durch Landschaftsarchitekten rezipiert werden, findet sich hier: Günther Vogt, »Landschaft als Wunderkammer. Fragen nach einer Haltung«, Rebecca Bornhauser, Thomas Kissling (Hg.), Lars Müller Publishers, Zürich 2014.*

5   *Jane Jacobs, »Tod und Leben großer amerikanischer Städte«, Ullstein, Berlin 1963, S. 65–78.*

6   *Anne Steinmeister, »Im Weltgarten zu Hamburg. Die internationalen Hamburger Gartenbauausstellungen des 19. Jahrhunderts. Ein Beitrag zur Entwicklung des gartenkulturellen Ausstellungs- und*

Kongresswesens in Deutschland«, Akademische Verlagsgemeinschaft, München 2014.

7 Ulrich Conrads, »Hamburgs neuer Stadtgarten«, in: Bauwelt 54, Berlin 1963, S. 761.

8 Der Siegerentwurf aus dem Wettbewerb stammt von POLA Landschaftsarchitekten, Berlin, www.pola-berlin.de/planten.html

9 Günther Grzimek, »Die Besitzergreifung des Rasens. Folgerungen aus dem Modell Süd-Isar«, Callwey, München 1983.

NICOLE VON HORST

LET IT GROW

Später Frühling. Ich warte schon länger darauf, dass das Wetter sich nicht mehr winterlich anfühlt. Ich will Samen in kleine Gefäße setzen und sie in mein IKEA-Gewächshaus stellen. Es sieht aus wie ein Puppenhaus aus Glas und hat sogar eine Wimpelkette. Während ich es in die Frühlingssonne auf den aufgeräumten Balkon stelle, denke ich nach über die essbaren Blumensamen oder die Bohnen zum Kochen, die ich darin in Plastikbechern ziehe.

Ich nehme mit meinen Pflanzen nicht viel Platz ein, bleibe auf meine Wohnung beschränkt, grabe keine wilden Gärten um oder baue ein Hochbeet auf einer Verkehrsinsel. Ich frage mich, ob das denn typisch weiblich ist und ob ich mir, nicht zuletzt als Feministin, mit meinen eher kitschigen Pflanzeskapaden unpolitischen Eskapismus zum Vorwurf machen muss.

Warum fülle ich so gerne Erde in Töpfe? Welche Rolle spielt eigentlich (mein) Geschlecht beim Gärtnern? Wie viele Männer bepflanzen ein niedliches IKEA-Gewächshaus? Ist das

Ganze vielleicht doch nicht so unpolitisch? Es wächst alles vor sich hin, auch meine Fragen.

Race, Class und Gender in einem Beet

Sich anzuschauen, wie sich Gender, also das sogenannte *soziale Geschlecht*, aufs Gärtnern auswirkt, heißt nicht, sich nur anzugucken, wie Frauen gärtnern, schließlich haben auch Männer ein Gender, das gesellschaftlich konstruiert und nicht, na ja, vom Himmel gefallen ist. Trotzdem will ich meine Lupe vor allem auf Gärten von Frauen richten, einerseits, weil der Forschungsstand in Sachen Geschlechterverhältnisse da ein bisschen klarer ist, und andererseits, weil es dazu Aufregendes zu erzählen gibt, da Frauen im Kontrast zur vermeintlich neutralen, d. h. männlichen Norm, in einem Leuchtfeld zwischen Unsichtbarkeit und Abweichung stehen. Gärten, das heißt an dieser Stelle vor allem *private* Gärten. Sei es ein Garten hinterm Haus, ein Schrebergarten, seien es Stadtgärten oder einfaches Balkongärtnern. Sich anzuschauen, wie sich Geschlecht auf Gärtnern auswirkt, soll aber nicht bedeuten, in Stereotype zu verfallen wie: Frauen pflanzen Blumen, Männer Bäume, wenn sie sie nicht ausreißen. Oder: Frauen pflanzen Blumen, Männer grillen. Es bedeutet, erst mal wegzukommen von einem normativen »Männer sind so – Frauen so«-Denken. So können wir ein besseres Verständnis dafür bekommen, wie Geschlecht funktioniert und ausgehandelt wird.

Als ich klein war, habe ich einige Male versucht, Sachen zu pflanzen, Pflanzen zu pflegen, und bin dabei immer gescheitert. Ich habe keinen grünen Daumen, dachte ich. Entweder hat man einen oder nicht. Wie diese Daumen vergeben werden, habe ich nicht hinterfragt, qua Geburt vielleicht, und wenn man ihn hat, dann sterben die Pflanzen auf magische Weise nie. Jetzt bemühe ich mich das fünfte Jahr in Folge um einen blühenden grünen Balkon und es gelingt mir immer besser. Ich führe unzuverlässig Buch darüber, was wachsen soll, aber lerne vor allem an Pflanzen, die wiederholt bei mir wohnen, unter welchen Bedingungen sie gedeihen. Ich habe nicht plötzlich einen grünen Daumen. Ich habe bloß mehr gelernt.

So ähnlich ist das auch mit Geschlecht. Das meiste daran ist erlernt. Bei anderen abgeguckt, nachgemacht, ausprobiert. Eine erst mal sehr zufällige und zugeschriebene Kategorie, in die man vielleicht reinpasst, der man sich anpasst, aber mit der man auf jeden Fall irgendwie umgehen muss. Es stellt sich die Frage, bis zu welchem Ausmaß man zugeschriebenes Geschlecht leben kann: Fühlt man sich vollkommen wohl in dem Geschlecht, das man bei der Geburt bekam, wie schwierig ist es an manchen Punkten, Stereotypen zu entsprechen, und an welchen vielleicht wiederum gar nicht? Die vorherrschende Binarität wird einer großer Vielfalt von Geschlechtsidentitäten, die über den Gegensatz von Mann/Frau hinausgehen, jedenfalls nicht gerecht. Grüner Daumen, ja oder nein, das ist also zu einfach, zu binär, dazwischen gibt es, wie beim Geschlecht auch, sehr viele Abstufungen. Weder der grüne Daumen noch Geschlechterunterschiede z. B. in Form von Kompetenzen oder Schwächen sind *natürlich* oder einfach so da. Sie entspringen sozialen Bedingungen, Voraussetzungen, Gelegenheiten, Zwängen und Ansprüchen. Und so, wie die Aussage »Ich hab halt einfach keinen grünen Daumen« die

Zugehörigkeit zu einer Kategorie mit entsprechenden zuge-schriebenen Kompetenzen (oder deren Abwesenheit) wie eine self-fulfilling prophecy bestätigt, so wird auch Geschlechtszu-gehörigkeit eingeübt und durch ähnliche Anrufungen (»Wir brauchen hier einen starken Mann«, »Ich bin ein Mädchen, ich kann kein Mathe«, »Kinder gehören zur Mutter«) performt.

Es ist jedenfalls nicht so, als hätte die Kategorie *Geschlecht* keine Wirkung auf das Themenfeld Garten, sei dafür irrelevant. In der Forschungsliteratur, die sich damit beschäftigt, wie un-terschiedlich Männer und Frauen gärtnern, geht die Tendenz dahin, dass Frauen eher Subsistenzgärtnerei betreiben. Sie versorgen mit Gartenarbeit ihre Familie, wenn das Einkom-men dafür nicht ausreicht, benutzen dabei weniger chemische Hilfsmittel und Pestizide, legen mehr Wert auf Umweltverträg-lichkeit und Nachhaltigkeit, kompostieren eher und haben häufiger kleinere Gärten als Männer. Männer spielen eine grö-ßere Rolle, wenn es darum geht, die Erträge aus diesen Gärten zu verkaufen, zum Beispiel durch die Wahl von Samen, deren Früchte sich teurer veräußern lassen. Das legen Studien aus Ke-nia, Großbritannien und von der iberischen Halbinsel nahe.[1] Daraus lassen sich jetzt nicht zwingend Rückschlüsse auf an-dere Gärtner_innen ziehen, aber zumindest Deutungen anstel-len, worin diese Tendenzen begründet sind. Geschlecht spielt eine große Rolle bei der Entscheidung, wer in öffentlicher und wer in privater Sphäre agiert, wer Lohnerwerb als Hauptverant-wortung versteht oder direkte Familienfürsorge betreibt.

Als ich klein war, vielleicht im Grundschulalter, kauf-te ich mir ab und zu Samen bei Schlecker. Sie standen zur entsprechenden Jahreszeit immer vor dem Laden und waren so ziemlich das Günstigste, was es dort zu kaufen gab. Ich erinnere mich vor allem an eine Packung Radieschensamen. Die nahm ich mit nach Hause und vergrub sie im Hof, der zu unserer Wohnung gehörte. Wir hatten einen Balkon, aber ich wäre nie auf die Idee gekommen, einfach nach Topf und Erde zu fragen. Die Erde im Hof taugte vielleicht für Bäume und Gras, war ansonsten aber sehr trocken. Ich dachte: Samen, Erde, was brauch ich mehr? Bald werde ich ernten! Und ich erntete. Viel zu früh. War zu neugierig, ob das so funktionierte, und buddelte meine wachsenden Radieschen immer wieder aus. Sie konnten nur dicke weiße Schnüre werden, ehe ich sie endgültig herauszog und verspeiste.

Nicht alle Menschen, die gerne gärtnern wollen, haben die gleichen Möglichkeiten. Es braucht einen Raum und Ressourcen und auch Macht oder Fähigkeiten, über Raum und Ressourcen zu verfügen. Diese Dinge sind nicht zufällig ungleich verteilt, sondern vor allem anhand verschiedener sozial konstruierter Kategorien, von denen *Gender* nur eine ist. Andere sind klassischerweise *Race* und *Class*. Oder Alter oder (Nicht-)Behinderung oder Bildungsstatus. Diese Kategorien stehen nicht einzeln für sich, sie sind miteinander verknüpft. Sie zusammenzudenken, das versteht man unter dem Konzept der *Intersektionalität*.[2] Dabei werden diese Kategorien und die oft dazugehörigen Diskriminierungen nicht einfach miteinander addiert, sondern man analysiert die Situation von Menschen, die sich an einer Schnittstelle verschiedener Kategorien befinden. An eine weiße Frau aus der Oberschicht werden zum Beispiel andere Erwartungen in Bezug auf das Gärtnern gestellt als an eine weiße Frau aus der Arbeiterschicht des 19. Jahrhunderts oder eine Schwarze Frau in einer Großstadt der

Gegenwart. Daran geknüpft sind auch das Phänomen des Habitus und die Fragen nach Zugänglichkeit, die weit über Geld oder Verbote hinausgehen. Mit Geschlecht allein kann man also nicht erklären, warum Menschen wie gärtnern.

Ein Garten für sich allein?

Es ist nicht so, dass ich nie Kontakt zu Gärten gehabt hätte. Eine meiner Großmütter hat einen großen Garten, mit allen möglichen Pflanzen, der zu ihrem Eigenheim gehört. Für mich als Kind waren dann aber doch nur die Erdbeeren und die Johannisbeerhecke am Ende des Gartens interessant. Dort hatte ich die Lizenz zum Selbstpflücken. Beim Rest durfte ich beim Gießen mithelfen, aber es verhielt sich ähnlich wie mit der Puppenstube meiner Großmutter: kein Ort zum Spielen, kein Ort zum Unordentlichmachen und Selbstausprobieren. Ihr eigener Garten. Ansonsten gehörten für mich Gärten vor allem zu Vätern, nämlich in Form von Schrebergärten als den Schauplätzen von Kindergeburtstagen, und funktionierten damit eher als männlich dominierte Orte. Dafür spricht auch, dass bei einem groben Blick auf Internetseiten von Kleingärtenvereinen vor allem (ältere, weiße) Männer im Vorstand sitzen und (ebenfalls weiße) Frauen meist als Schriftführerinnen oder Kassiererin anzutreffen sind. Was wiederum wenig darüber aussagt, wer im Garten selbst eigentlich welche Arbeit macht.

Virginia Woolf schreibt in *A Room of One's Own*, dass man eines eigenen Zimmers und eigenen Geldes bedarf, um schreiben zu können. Um gärtnern zu können, braucht man ebenfalls einen passenden Raum und Geld oder zumindest einige Hilfsmittel. Werkzeug zum Beispiel. Und Expertise.

Historisch ist es so, dass Landbesitz auch für (verheiratete) wohlhabende Frauen keine Selbstverständlichkeit war und sie sich den Zugang zur Pflanzenkunde erarbeiten mussten. Das geschah unter anderem über Gartenliteratur[3], in der Wissen über Pflanzen mit Beschreibungen über das korrekte Verhalten von Frauen verknüpft wurde, oft gefüttert mit Allegorien, in denen Blumen als Frauen verkörpert wurden, und die zu erwerbende oder bewahrende Tugenden illustrierten. Reiche Frauen, die die Möglichkeit hatten, einen eigenen Garten nach ihren Vorstellungen zu gestalten, bewegten sich dabei innerhalb fester Geschlechternormen, veränderten diese dabei allerdings auch.[4] Anders als zum Beispiel bei Arbeiterinnen spielte hier die Trennung von öffentlichem und privatem/häuslichem Raum eine viel größere praktische und symbolische Rolle. Der von Frauen geführte Garten wurde dabei zur Schnittstelle zwischen privat und öffentlich. Er ermöglichte, im Rahmen *ehrbarer Weiblichkeit*, Expertise und Professionalität zu erwerben, Netzwerke zu anderen Frauen zu knüpfen und sich innerhalb dieser zu engagieren, zum Beispiel in *Gardening Clubs*, in Gartenausstellungen Handel mit Zöglingen zu betreiben und öffentliche Anerkennung zu erwerben.[5]

Auch in der Gegenwart können Gärten eine Schnittstelle zwischen privatem und öffentlichem Raum sein. Frauen, die sich in *Community Gardens* in nordamerikanischen Großstädten engagieren, berichten zum Beispiel, dass diese Gärten für Mädchen und junge Frauen, als *Safe Space* außerhalb ihrer Wohnung, eine Möglichkeit bieten, ohne Belästigungen am öffentlichen Leben teilzunehmen.[6]

Ich bin mittlerweile erwachsen und habe Geld, um mir meine Zutaten zum (Balkon-)Gärtnern selbst zu kaufen, mein Gewächshäuschen zum Beispiel. Mir steht Internet zur Verfügung und ich kann mich selbst leicht darüber informieren, was ich brauche. Mit Kind im Kinderwagen fahre ich zum Baumarkt, um Erde und andere Materialien zu besorgen. Ich will die 40-Liter-Packung Erde auf dem Kinderwagendach zur Straßenbahn schieben und schwanke dabei ganz schön. Da kommen mir auf dem Parkplatz des Baumarktes liebe Nachbarn entgegen. Sie nehmen mir die Erde ab, fahren sie mit dem Auto für mich heim und ich muss viel weniger schwitzen. Die gleichen Nachbarn haben mich schon mit großen Töpfen für meinen Balkon versorgt. Meine Keimlinge können endlich richtig wachsen, meine Radieschen gedeihen jetzt in saftiger Erde, überhaupt, alles hat genug Platz, um größer zu werden. Und ich begreife: Gartenarbeit hat viel mit Teilen zu tun und hängt von der Hilfe anderer ab. Und ich teile meine Radieschen gerne.

Online nehme ich an einem Samentausch teil, erhalte per Post Samen, von denen ich nur weiß, wie sie gepflegt werden möchten. Was aus ihnen wird, ist eine Überraschung. Ebenfalls online und vielleicht mit ähnlicher Funktion wie Gartenratgeber für Frauen aus dem 18. und 19. Jahrhundert ist heute *Pinterest*. Eingebunden in Hinweise zur Haushaltsführung finde ich dort viele gut aufbereitete Tipps, um Pflanzen großzuziehen. Gärtnern funktioniert hier auch als Lifestyle. An die Stelle der Gartenratgeber, die Frauen beim Gärtnern auch zur Tugendhaftigkeit anhielten, sind jetzt Lifestyle-Magazine und Blogs getreten, die Konsumbedürfnisse wecken. Selbst

Guerrilla Gardening wird in diesen Rahmen eingepasst, mit *Seed Bombs* in Handgranatenform als Angebot in der Nonfood-abteilung von Buchhandlungen oder direkt zum Selbstbasteln und Verschenken. Diese *Seed Bombs* werden nicht über Bau-zäune und in zurückgelassenen städtischen Raum geschmis-sen, sodass daraus (und mit noch mehr Engagement) ein *Community Garden* werden kann, wie der im Herzen von Loisaida.[7] Sie werden eher direkt ins eigene Balkonbeet eingepflanzt, dienen so mehr privater Verschönerung denn als Werkzeug, um öffentlichen Raum zu *reclaimen*.

In Bezug auf Schönheit und Geschlechterverhältnisse bie-tet Gartenarbeit auf den ersten Blick großes Potenzial. Von Gartenarbeit wird man schmutzig, bei Gartenarbeit muss man nicht schön aussehen, sondern kann ganz für sich schwitzen und die Finger in die Erde graben, bis die Nagelränder tief-schwarz sind. Auch wenn die Werbung für Gartengeräte und Zubehör natürlich ganz anders wirkt, die je nach Geschlecht unterschiedlich adressiert ist. Sie wirbt mit Produkten, bei denen Frauen auch beim Erdeumgraben eine gute Figur ma-chen sollen, mit feinen Gartenscheren und geblümten Hand-schuhen für zarte Hände, während bei Produkten für Männer an Werte wie Stärke und Kompetenz appelliert wird. Zugleich sollen die leistungsfähigen Gartengeräte auch dem Kind im Mann als Spielzeug dienen.

Mit der Gärtnerei und dem Thema Schönheit ist es schon vertrackter. Frauen als Blumen spielen nicht nur in jahr-hundertealten Allegorien eine Rolle, die Verkörperung von Frauen als schweigsames Dekorationselement findet auch in der Gegenwart noch statt, ebenso wie die Darstellung oder eher schamhafte Verhüllung von Vulva/Vagina durch Blumen.

Besonders anschaulich wird das zum Beispiel in der Verwendung von Stockfotos auf Internetseiten von Intimchirurg_innen.[8] Der nackte Frauenkörper findet im öffentlichen Raum statt und wird als zu bearbeitender öffentlicher Raum verhandelt, an dem nichts wild wachsen soll, alles glatt, fein zurechtgemacht sein muss. In einer vermeintlichen Natürlichkeit, die auf gleiche Art bearbeitet ist, wie auch Naturparks nur die Illusion erwecken, es handle sich um einen unberührten und nicht um einen domestizierten und *zivilisierten* Pflanzenraum.

In Sachen Körpernormen für Frauen spielt die Triade von *Race, Class und Gender* eine ganze besonders große Rolle; und insbesondere, wenn der Punkt *Race* ins Spiel kommt, werden die unterschiedlichen, an Geschlecht gebundenen Schönheitsvorstellungen noch verstärkt. Haare, die *wild* wachsen, und *Natürlichkeit* werden nicht nur unterschiedlich bewertet, wenn es um Männer und Frauen geht. Das zeigt sich insbesondere am Anspruch an Schwarze Frauen, ihr Haar aufzuhellen und zu glätten. Damit sollen sie sich nicht nur weißen Schönheitsnormen beugen, sondern müssen sich auch in Bezug auf *Class* anpassen, um beruflich akzeptiert und keinesfalls als *wild* eingestuft zu werden. Körper, die als wild gelabelt werden, ziehen eine Parallele zu wilder Landschaft, die, in Form von Gartenarbeit und Landschaftsgärtnerei, *zivilisiert* wird. Gartenarbeit ist somit symbolisch wie auch bei der konkreten Bearbeitung von besetztem Land eng verknüpft mit Kolonialismus.

Arbeit? Welche Arbeit?

Aber was für eine Arbeit *ist* Gartenarbeit, für wen und von wem wird sie gemacht? Es gibt bereits viele Forschungsarbeiten zur

Aufteilung von Arbeit bei verschiedengeschlechtlichen Paaren. Die Gartenarbeit, die dort vorkommt, findet eher im Bereich Freizeit/Hobby statt und lässt sich auch mit dem Stichwort: *misrepresentation of labor as leisure* charakterisieren: Bei Gartenarbeit kommt nämlich ins Spiel, dass Frauen meist wegen ihrer Fürsorgearbeit weniger Freizeit haben als Männer und die Gartenarbeit daher fälschlicherweise als Freizeit erachtet wird.

Dabei ist Gärtnern, das lässt sich nicht von der Hand weisen, ebenfalls Fürsorgearbeit, und zwar in dreierlei Hinsicht: Zum ersten für die Pflanzen, die versorgt werden. Zum zweiten für eine_n selbst. Diese Selbstfürsorge ermöglicht es, Zeit für sich selbst zu haben, in der Natur, in der man sich einen eigenen Raum schaffen kann. Und zum drittem ist sie Fürsorgearbeit für andere, die ermöglicht, sie mit den Gütern aus dem Garten zu versorgen, ihnen ebenfalls einen Raum zur Erholung zu schaffen. Natürlich kann man fragen, inwiefern Gartenarbeit zur Selbstfürsorge nicht eskapistisch funktioniert und Kraft für andere Arbeit bindet. Auf der anderen Seite kann ein Garten, wenn er als Erholungsort genutzt werden kann, ein Ort sein, durch den Widerstand neu möglich wird und im Teilen und in gemeinschaftlicher Arbeit Solidarität geübt werden kann.[9] Ein Garten als Ort für Gemeinschaft und Widerstand findet sich zum Beispiel fiktiv im Gefängnisgarten in der Fernsehserie *Orange Is the New Black*[10], aber auch in der Realität bieten international viele Gemeinschaftsgärten ihren Mitgliedern Raum, sich zu sammeln und sich über die Gartenarbeit hinaus zu engagieren, oder sie sind selbst ein direktes Resultat von Umweltaktivismus.

Ein Feigenbaum voller Möglichkeiten

Und warum mache ich das jetzt eigentlich? Blumen an sich finde ich nicht aufregend, aber ich liebe es, etwas zum Wachsen zu bringen, zu sehen, wie aus einem kleinen Samen eine lange Bohnenranke wird. Ich will mich an den Früchten meiner eigenen Arbeit erfreuen, sie wegnaschen. Und ich mag den Gedanken, mit einem Garten, ist er noch so klein, nicht allein in der Welt, sondern mit ihr verbunden, ihr verpflichtet zu sein.

Seit dem Ende des Sommers habe ich einen Schlüssel zu einem Schrebergarten. Er ist nicht mein eigener, eine befreundete Familie hat Wind davon bekommen, dass ich Lust habe auf Gartenarbeit, und sie suchte schon länger nach Leuten, mit denen sie den Garten teilen könnte, weil er echt viel Arbeit macht. Jetzt schmieden wir Pläne für den Frühling. Ich konnte Ende August noch ein paar Reihen Feldsalat, und ja, Radieschen säen, eine Harke benutzen, bei der Kartoffelernte helfen und vom Feigenbaum naschen (nicht ohne an Sylvia Plath zu denken, in deren Roman *The Bell Jar* die metaphorischen Feigen am Baum für alle Möglichkeiten im Leben stehen, die verdorren, wenn man sich nicht für eine Frucht entscheidet). Ich lerne Skills wie das Weinschneiden und genieße, wie wild und zugewachsen dieser Garten ist, wie viel im Schatten zu entdecken ist. Die zu groß gewordenen Pflanzen aus meinem Mini-Gewächshaus auf der Fensterbank haben jetzt einen Ort, um weiterzuwachsen. Eine Überraschungspflanze vom Online-Samentausch wuchs zur Stockrose heran, sie durfte schon in den neuen Garten umziehen. Ich freue mich darauf, jede Menge Essbares, vom winzigen Samen, zum Beispiel aus leckeren Johannisbeertomaten selbst herausgelutscht und getrocknet, zu großen Stauden zu ziehen. Und noch mehr freue ich mich darauf, wie die Freundschaft an der gemeinsamen Arbeit wächst, wir miteinander teilen, uns einen schönen Raum machen und gemeinsam Feste feiern und dabei das verspeisen, was wir säten.

NICOLE VON HORST

Nicole von Horst studierte Kreatives Schreiben in Hildesheim und studiert jetzt American Studies und Soziologie mit Schwerpunkt Geschlechterforschung in Frankfurt am Main. Anfang 2013 war sie an der Entstehung des Hashtags #aufschrei beteiligt, der eine bundesweite Debatte zum Thema Alltagssexismus auslöste, und ist Mitverfasserin des #ausnahmslos-Manifestes gegen eine rassistische Vereinnahmung des Kampfes gegen sexualisierte Gewalt. Sie schreibt regelmäßig für das Online-Magazin kleinerdrei.org und kann mittlerweile nicht nur ganz passabel mit Gewächshäusern umgehen, sondern auch mit elektrischen Heckenscheren.

ENDNOTEN

1   R. R. Simiyu, »I know how to handle my husband: Intra-household decision making and urban food production in Kenya, Eastern Africa«, Social Science Research Review, Juni 2015, S. 63–81.
     Susan Buckingham, »Women (Re)construct the Plot: The Regen(d)eration of Urban Food Growing«, Area, Juni 2005, S. 171–179.
     Victoria Reyes-García, Sara Vila, Laura Aceituno-Mata (u. a.), »Gendered Homegardens: A Study in Three Mountain Areas of the Iberian Peninsula«, Economic Botany, September 2010, S. 235–247.

2   Begriff und Konzept wurden geprägt von Kimberlé Crenshaw und insbesondere in ihren Aufsätzen »Demarginalizing the Intersection of Race and Sex: A Black Feminist Critique of Antidiscrimination Doctrine, Feminist Theory and Antiracist Politics« von 1989 im University of Chigago Legal Forum und »Mapping the Margins: Intersectionality, Identity Politics, and Violence against Women of Color« von 1991 in der Standford Law Review grundlegend ausgeführt.

3   Sarah Bilston, »Queens of the Garden: Victorian Women Gardeners and the Rise of the Gardening Advice Text, Victorian Literature and Culture«, März 2008, S. 1–19.

4   Vera Norwood, »Made From This Earth – American Women and Nature«, The University of North Carolina Press, März 1993.

5   Glenn Moore, »»A Very Housewifely Ambition«: Women Gardeners in Industrialising America«, Australasian Journal of American Studies, Juli 2001, S. 18-30.

6   Monica M. White, »Sisters of the Soil: Urban Gardening as Resistance in Detroit. Race/Ethnicity: Multidisciplinary Global Contexts«, Herbst 2011, S. 13–28.

7   Karen Schmelzkopf, »Urban Community Gardens as Contested Space«, Geographical Review, Juli 1995, S. 364–381.

8   Anna-Katharina Meßmer (i. E.), »Überschüssiges Gewebe. Die weiblichen Genitalien zwischen Medikalisierung von Ästhetik und Ästhetisierung der Medizin«, Springer VS, Wiesbaden.

9   Monica M. White, »Sisters of the Soil: Urban Gardening as Resistance in Detroit, Race/Ethnicity: Multidisciplinary Global Contexts«, Herbst 2011, S. 13–28.

10   OITNB ist eine Netflix-Serie von 2013, die Geschichten von Insassinnen eines Gefängnisses im Staat New York ins Zentrum stellt, basierend auf dem Buch »Orange Is the New Black: My Year in a Women's Prison« von Piper Kerman. Der Garten in der Serie ist erst ein Gewächshaus, das einige Frauen sich aneignen, es funktioniert als Rückzugsraum, als Ort, um Bündnisse zu feiern, eigene Machträume bzw. den eigenen Einfluss zu erweitern, und wird zum Ort, an dem z. B. geschmuggelt oder in der später entstandenen Anbaufläche vor dem Gewächshaus ein Toter versteckt wird.

MAXIMILIAN PROBST

ZUM GRÜNEN DAUMEN GEHÖRT DIE FAUST

Ist der Garten das Gute? Sind Gärtner die Guten? Diese einfache Frage, denkt man, müsste einfach zu beantworten sein. Mit einem empathischen Ja! Wer sich nur etwas in der Kulturgeschichte umsieht, kann sich dieses Eindrucks jedenfalls kaum erwehren. Ein Beispiel: »Dann trat ich in den Garten, durch die Türe, welche die Sorglosigkeit mir eröffnet hatte. Und als ich eingetreten war, fühlte ich mich fröhlich und glücklich, und ich glaubte, im irdischen Paradies zu sein.«[1] So steht es im *Rosenroman* aus dem 13. Jahrhundert. Und wohin immer man sich von diesem Punkt aus wendet, zurück zum Alten Testament, dem Garten Eden, dem Hohelied Salomos, das die Geliebte als Garten allegorisiert; oder zu den Gärten Allahs, in denen Früchte und Palmen und Granatäpfel (nebst »keusch blickenden Mädchen«) auf die Gläubigen warten; oder zu der schönen islamischen Vorstellung, der Tod sei die Rückkehr der Nachtigall in den urewigen Rosengarten; oder ostwärts, wo die Zen-Mönche über Moos, Wasser und Steine hinweg nach jenem Nichts der Erleuchtung Ausschau halten, das Buddha einst unter einer Pappelfeige sitzend fand; oder nach vorn, auf die großen Bildungsromane der deutschen Literatur, auf die Gärten und Gartenpflege in Goethes *Wahlverwandtschaften*, Stifters *Nachsommer* und Thomas Bernhards *Auslöschung*: Stets ist der Garten das Sinnbild eines umfriedeten, heiligen und heilenden Bezirks, in dem der Mensch, der patriarchalischen Geschichte entsprechend vorgestellt als Mann, voll auf seine Kosten kommt.

Ja, der Garten, das ist das Gute dieser Welt, und Gärtner, das sind die Guten, so einfach.

Aber die Philosophie, hier darf man Martin Heidegger einmal recht geben, steht leider nicht im Dienst der Vereinfachung. Sie ist dafür da, die Dinge schwieriger zu machen. Sie ist dafür da, das Dasein zu erschweren. Und mir scheint, das hat die Philosophie durchaus mit dem Garten gemein.

Gärten, lautet meine These, sind ein Problem.

Für die Philosophie war der Garten das bislang nicht. Im Gegenteil: Er war oft genug ihre stillschweigende Voraussetzung.

Zwar ist Sokrates vorwiegend als Marktplatz-Philosoph bekannt, als Philosoph der Polis, des öffentlichen Raums, der mit jedem sprach, der des Weges kam. Aber sein Schüler Platon lässt ihn auch gern in ruhigen Hainen oder hingestreckt im Schatten einer Platane seine Dialoge führen. Platon selbst vollzieht dann die Abkehr vom öffentlichen Raum. Er gründet seine berühmte *Akademeia* vor den Toren der Stadt und verlegt den Unterricht in seinen privaten Garten, es heißt, um dem Lärm der öffentlichen attischen Grünanlagen zu entgehen. Später folgt Epikur diesem Beispiel, mit dem Unterschied, dass er seine Philosophenschule in einem großzügig angelegten Garten innerhalb der Stadtmauern beherbergt. Man könnte diese Entwicklung, die bis in die Gegenwart reicht, so zusammenfassen: Je höher die Mauern, die den Denker von seiner lärmenden Umgebung abschirmen, desto freier sein Gedankenflug. Vielleicht also haben die Philosophen deshalb den Garten nicht zu ihrem Thema gemacht, weil er der Grund ist, auf dem sie stehen. Auch das ist ein Problem.

Die erste große Garten-Kontroverse ließ dann auch bis in die Neuzeit auf sich warten. Sie ist verbunden mit den Namen John Locke und Jean-Jacques Rousseau. Locke, der englische Gründervater des Liberalismus, hatte behauptet, dass die Aneignung der Natur durch die Arbeit die Idee des Privateigentums legitimiere. Ein heruntergefallener Apfel, meint Locke, gehe in den persönlichen Besitz über, sobald einer sich die Arbeit mache, ihn aufzuheben.

Wie jeder wissen müsste, der Kinder hat und mit ihnen schon mal im Wald Pilze oder auch nur im Garten Ostereier suchen war, ist das allerdings ein schlecht gewähltes Beispiel.

Denn ruft einer »Da!« und zeigt auf den entsprechenden Apfel, wird er Besitzansprüche auf den Fund auch dann anmelden, wenn ein anderer schneller an Ort und Stelle ist, um ihn aufzuheben. Übertrumpft also die Mühe der Erkenntnis – und von hier führt ein gerader Weg zum Urheber- und Patentrecht unserer Tage – die Arbeit der Umsetzung?

Locke wusste, dass sein Apfel-Beispiel nicht ausreicht. Er hat seiner Argumentation hinzugefügt, dass es die Urbarmachung des Landes ist, die einen Besitztitel legitimiert. Die Wiesen und Früchte gehören allen. Sobald aber jemand ein Stück Land beackert, ist das, was er erntet, die Frucht seiner Arbeit und damit sein Besitz. An diesem Punkt beginnt die Gartenkultur. Das hat Marie Luise Gothein, die bedeutendste Garten-Historikerin deutscher Sprache, klar beschrieben:

»Die Anfänge aller Gartenkultur fallen mit der Seßhaftigkeit der Völker zusammen. Der Nomade treibt seine Herden auf die freie, nicht umzäunte Weide; sobald aber die erste Frucht, mit der Hacke bestellt, den Menschen zwingt, sich in festen Wohnplätzen anzusiedeln, wird und muss er seinen Fruchtplatz mit einem Zaun umgeben, um ihn vor dem Einbruch der feindlichen Menschen und wilden Tiere zu schützen.«[2]

Die Umzäunung des Gartens markiert also geschichtlich den Beginn des Privateigentums. Für Locke ist dieses Eigentum ein Geschenk Gottes. Denn Gott hat dem Menschen die Welt gegeben, um sie sich untertan zu machen. Der Mensch leistet Gott Folge, indem er Wildnis durch Arbeit in kultiviertes Eigentum verwandelt, indem er – das ist der utopische Gehalt von Lockes

Vorstellung – aus Gottes kruder Schöpfung den Garten Welt erschafft. Gäbe es hingegen kein Eigentumskonzept und keinen Staat als Durchsetzungsinstanz für Besitzansprüche, finge der Mensch Locke zufolge gar nicht erst an, die Welt in einen Garten zu verwandeln, weil er immer damit rechnen müsste, was er gesät habe, könne ein anderer ernten.

Hier kommt Rousseau ins Spiel, der den armen Locke einfach auf den Kopf stellt. Voller Zorn schreibt der Genfer Philosoph:

»Der erste, der ein Stück Land eingezäunt hatte und auf den Gedanken kam zu sagen ›Das ist mein‹ und der Leute fand, die einfältig genug waren, ihm zu glauben, war der wahre Begründer der zivilen Gesellschaft. Wie viele Verbrechen, Kriege, Morde, wie viele Leiden und Schrecken hätte nicht derjenige dem Menschengeschlecht erspart, der die Pfähle herausgerissen oder den Graben zugeschüttet und seinen Mitmenschen zugerufen hätte: ›Hütet euch davor, auf diesen Betrüger zu hören. Ihr seid verloren, wenn ihr vergeßt, daß die Früchte allen gehören und daß die Erde niemandem gehört.‹«[3]

Die Umfriedung des Gartens entfesselte die Gewalt. Sie förderte Neid und Missgunst (noch heute sind für ein Gros der Menschheit per se die Tomaten im Garten des Nachbarn größer und röter als die eigenen) und stürzt den Menschen, indem sie ihn zivilisiert, ins Verderben: »... das Eigentum kam auf«, rekapituliert Rousseau, »die Arbeit wurde zur Notwendigkeit, und die ausgedehnten Wälder verwandelten sich in anmutige Felder, die mit dem Schweiß der Menschen begossen werden mußten und auf denen man bald die Sklaverei und das Elend keimen und wachsen sah.«[4]

Das ist stilistisch brillant und genauso schwer zu widerlegen wie Lockes Lob des Eigentums. Die Frage lautet also: Ja was denn nun? Ist der Garten ein Geschenk Gottes oder die Geißel der Menschheit? Oder ist vielleicht ein Mittelweg denkbar? Eine Gesellschaft von Gärtnern, die ohne Eigentum auskommt?

Diesen Gedanken malte sich schon vor Locke und Rousseau der englische Staatsmann Thomas More in seinem Buch *Utopia* aus. Über die gleichnamige fiktive Insel schreibt er:

»Jedes Haus hat einen Eingang von der Straße her und eine Hintertür, die in den Garten führt. Die Türen haben zwei Flügel, lassen sich durch einen leisen Druck mit der Hand öffnen und schließen sich dann von selbst wieder, so daß ein jeder ins Haus hinein kann: so wenig ist irgendwo etwas Eigentum eines einzelnen; denn sogar die Häuser wechselt man alle zehn Jahre, und zwar verlost man sie. Auf die erwähnten Gärten halten die Utopier große Stücke. In ihnen haben sie Wein, Obst, Gemüse und Blumen in solcher Pracht und Pflege, daß es alles übertrifft, was ich irgendwo an Fruchtbarkeit und gutem Geschmack gesehen habe. Ihren Eifer dabei spornt nicht bloß ihr Vergnügen an der Gartenarbeit an, sondern auch der Wettstreit der Straßenzüge in der Pflege der einzelnen Gärten. Und sicherlich wird man nicht leicht in der ganzen Stadt etwas finden, was für die Bürger nützlicher oder unterhaltsamer wäre, und, wie es scheint, hat deshalb auch der Gründer des Reiches auf nichts größere Sorgfalt verwendet als auf derartige Gärten.«[5]

Das Problem bei More ist nur: Man weiß nicht recht, was er eigentlich sagen will. Das ganze Werk ist ein Vexierbild: Mal erscheinen Land und Leben der Utopier als Traum, dann wieder als Albtraum, mal liest sich der Text wie ein gelehrter politischer Entwurf, dann kippt dieser Eindruck, und More ganzes Unterfangen wirkt wie eine Satire. Wozu die Gärten den Utopiern dienen, hat More verschwiegen. Klar ist aber, wozu sie nicht dienen. Die uns heutigen Lesern vertraute Vorstellung, Gärten seien Orte des Loslassens und Orte der Liebe (schattige Lauben!), findet bei More keine Entsprechung. In Utopien, schreibt er:

»[...] gibt es nirgends eine Möglichkeit zum Müßiggang oder einen Vorwand zur Trägheit. Keine Weinschenken, keine Bierhäuser, nirgends ein Bordell, keine Gelegenheit zur Verführung, keine Schlupfwinkel, keine Stätten der Liederlichkeit; jeder ist vielmehr den Blicken der Allgemeinheit ausgesetzt, die ihn entweder zur gewohnten Arbeit zwingt oder ihm nur ein ehrbares Vergnügen gestattet.«[6]

Tja, und was ehrbar ist, das entscheiden immer die anderen. Mores Gemeinschaftsgärten, das wird man wohl sagen dürfen, versprechen ein zweifelhaftes Vergnügen, das Glück des Einzelnen findet sich nur im Spiegel einer totalitären Gesellschaft.

Mit dem Grundgedanken der Utopie verhält es sich im Übrigen nicht anders, auch er verspricht ein zweifelhaftes Vergnügen. Mit ihm kommt der Möglichkeitssinn in die Welt, was zweifellos ein Segen ist: Wir werden die Dinge anpacken, verändern, müssen sie nicht als gottgegeben akzeptieren und zu allem Ja und Amen sagen, haben wir uns erst mal ausgemalt, dass es anders und besser sein könnte. Zugleich ist das ein Fluch: Denn dank des Möglichkeitssinns geraten wir schnurstracks auf die Schiene der Optimierung von allem und jedem, wir werden nicht eher Ruhe finden, bis alles sein Optimum erreicht hat, also nie! Und: »Es könne möglicherweise noch etwas Besseres geben als das, was ich schon habe« – das sage ein Mann mal seiner Frau!

Mit diesen Gedanken musste sich auch Voltaire herumschlagen. Seine philosophische Lehrfabel *Candide oder der Optimismus* persifliert Leibniz' Satz, die Welt, in der wir leben, sei die beste aller Welten (denn ist sie das nicht, so Leibniz' Argument, wäre Gott unter seinen Möglichkeiten geblieben, und auch wenn die Wege des Herrn unergründlich sind, erscheint die Vorstellung, dass er bei der Schöpfung gepfuscht haben könnte, schlechterdings unmöglich). Voltaire lässt Candide also erfahren, dass die Welt, in der er lebt, die denkbar schlechteste ist, von Grund auf verdorben. Der einzige Weg zum Glück scheint im Rückzug zu bestehen, in den eigenen Garten, den man zu bestellen habe. Die hochschießenden utopischen und revolutionären Hoffnungen seiner Epoche: Voltaire hat sie mit Candides »il faut cultiver notre jardin« zurechtgestutzt auf die stille, bescheidene Arbeit lokalen Umfangs.

Heute blüht der Gedanke lokaler Utopien im Sinne Voltaires wie wohl nie zuvor. Nachdem auf weltgeschichtlicher Bühne das Stück des Umschlags von emanzipativen Bestrebungen in Schreckensherrschaft und Restauration oft genug zu sehen war, meint man, mit der lokalen Utopie auf der sicheren Seite zu stehen. Wer seinen Garten bestellt, der kann doch nichts falsch machen, oder?

Leider doch! Leider ist auch hier keine Sicherheit, Zweifel leider auch hier. Denn manchmal – Brecht sagt es uns – kann schon ein Gespräch über Bäume ein Verbrechen sein. Manchmal ruft der Weltgeist uns nach vorne auf die Bühne, manchmal ist es nötig, dass sich jeder von seinem Garten abwendet und nur und nichts anderes als die Sache des Globalen betreibt, der allergrößten Allgemeinheit, um die Bedingungen zu schaffen, unter denen sich der eigene Garten weiter pflegen lässt. Und immer, immer, immer läuft die Arbeit an der lokalen Utopie Gefahr, zum kleinen, umschlossenen Glück im Winkel zu verkommen.

Das Sinnbild dieses ausschließenden Glücks, das sich weltoffen gibt, sind die englischen Landschaftsgärten. Ihr Prinzip ist, nach gewachsener Landschaft mit einem gewissen Anteil an Wildwuchs auszusehen. Sie betreiben einen riesigen Aufwand, um Kultur wie Natur erscheinen zu lassen, in der Abkehr von den französischen Barockgärten, die nur eine Verlängerung der Architektur des Hauses oder Schlosses ins Freie waren, und in einer Zeit, in der England sich dank riesiger Kohlereserven bereits auf dem Weg zur ersten Industrienation der Welt gemacht hat. In diesen Gärten also sieht man offene Landschaft, so weit das Auge reicht. Als könne alle Welt hineinspazieren. Als würde übergangslos das Feld der Welt bestellt, während man den eigenen Garten hegt und pflegt. Ein solcher Eindruck entsteht, weil nirgends Zäune und Mauern den Blick blockieren. Tiefe Gräben umlaufen an ihrer statt das Grundstück. Gräben – das macht sie, im Fall, dass wir auf der richtigen Seite stehen, so angenehm –, über die wir stets hinwegsehen.

Es gibt viele dieser lokalen Utopien! Die berühmteste ist zurzeit der blühende Garten namens Prenzlauer Berg in Berlin. Kosmopolitisch, liberal, ökologisch, im Herzen sozial – und durch einen tiefen Graben und unsichtbare Mauern getrennt von den Prolls und Migranten des angrenzenden Wedding.

Ich bin jetzt stillschweigend dazu übergegangen, den Garten als Metapher zu gebrauchen. Das scheint auch Voltaire schon zu tun: Man hat den Garten Candides als Metapher gelesen für die Arbeit des Gelehrten in seiner Schreibstube. »Seinen Garten bestellen«, das ist auch als eine Verneigung Voltaires interpretiert worden, vor den Freunden Diderot und D'Alembert, die in mühseliger Kleinarbeit das Wissen der Welt zu erfassen und in ihrer *Encyclopédie* zu ordnen suchen. Gärtnern, das ist schriftstellerische, nahezu unendliche Arbeit an der Aufklärung.

Platon – um auf einen Punkt zurückzublicken, an dem ich schon vorbeigewandelt bin – hatte die Garten-Metapher noch weiter gespannt. Im Dialog mit Phaidros lässt er Sokrates die Schrift selbst als »Buchstabengärtchen« bezeichnen. Das ist von Sokrates nicht sonderlich positiv gemeint. Die Buchstabengärtnerei ist für ihn ein Spiel, ein Spaß, legitim vor allem als eine Erinnerungsstütze, etwas für Senile. Wer noch im Vollbesitz seiner Kräfte ist, sollte sich tunlichst mit dem Schreiben zurückhalten und in der direkten Rede, von Mensch zu Mensch, nach Erkenntnis streben und sie verbreiten. Die Schrift hingegen, klagt Sokrates, schweife überall herum, unter Verständigen wie solchen, denen sie nichts sagen kann: »Vernachlässigt aber und ungerecht geschmäht, hat sie immer ihren Urheber als Helfer nötig.«[7]

Diese Kritik an der Schrift ist in Zeiten der sozialen Netz- und Hetzwerke und der Shitstorms, in Zeiten einer global werdenden Entkontextualisierung und Enthemmung aktueller denn je. Das ändert aber nichts daran, dass schon für Platon die Sache weitaus komplizierter war. Schließlich hat er Sokrates' Kritik der Schrift höchstselbst verschriftlicht und in eine literarische Gattung überführt – in den philosophischen Dialog, der jede Aussage ins Spiel der Interpretation einspeist. Jacques Derrida hat daraus später abgeleitet, dass die Schrift bei Platon, und nicht nur bei ihm, beides ist: Geschenk und tödliche Substanz, gemäß der Doppeldeutigkeit des althochdeutschen Wortes »Gift«.

Für den Garten gilt das Gleiche. Auch er ist ein Gift – ganz gleich, welche Pestizide und Insektizide darin heute zur Anwendung kommen. Der Garten ist Segen und Plage. Noch bis in seine alltägliche Nutzung. Wer träumt nicht davon, einen ruhigen Sommertag im eigenen Garten zu verbringen, mit einem guten Buch, im Schatten eines Fliederbusches? Gibt es etwas Schöneres, Friedlicheres, etwas, das mehr dem Paradies gliche? Aber wer einen Garten hat, weiß, dass man sehr selten in ihm sitzt, sehr oft aber in ihm kniet, um hier ein Unkraut herauszurupfen, dort etwas zurückzuschneiden. Und mit welchem Recht rede ich hier eigentlich von Unkraut? Was ist das für eine merkwürdige Vorstellung von Frieden und Paradies, vom Guten, wenn das alles nur dadurch zustande kommt, dass ein Großteil der Pflanzenwelt unerbittlich verfolgt und bekämpft wird?

Gärten sind nicht nur das Gute. Alle, englische, französische, japanische, gleichen dem Garten in einem Märchen der

Gebrüder Grimm, »in dem war es halb Sommer und halb Winter, auf der einen Seite blühten die schönsten Blumen groß und klein, und auf der andern war alles kahl und lag ein tiefer Schnee«.[8] Anders gesagt: Zum grünen Daumen gehört die Faust! Gärten sind nicht der heilende, heilige Bezirk. Sie sind heillos ambivalent.

Aber vielleicht liegt genau darin ihr Sinn – und unsere Rettung. Denn auch unser alltägliches Leben, unsere moderne Gesellschaft ist ja heillos ambivalent. Als Marktteilnehmer, die um knappe Güter konkurrieren, sollen wir den Ellenbogen ausfahren, als Staatsbürger dem Nächsten die Hand reichen, als Gläubige ihm die linke Wange hinhalten, wenn er uns auf die rechte schon eine gepfeffert hat. Oder ein anderes Beispiel: der moderne Mann! Der wickelt morgens die Kinder, mittags als Unternehmensberater eine Firma ab, auf der After-Work-Party eine Kollegin um den Finger und ist in dem bisschen Zeit, das ihm an der Seite seiner Frau noch bleibt, voller Stolz die Treue selbst. Kurz: Man hat mit dem Stichwort der Ambivalenz die gesamte Moderne am Wickel.

Diese Ambivalenz mag manchen als Zumutung erscheinen. Aber eine wirkliche Zumutung ist bislang nur jeder gesellschaftspolitische Versuch gewesen, auf alte Eindeutigkeiten zurückzugehen oder neue zu erfinden. Der Leitspruch einer heutigen Aufklärung könnte deshalb heißen: Habe den Mut, der Zumutung einer ambivalenten Moderne ins Gesicht zu sehen! Wer seinen Garten bestellt, ist dabei, das immer schon zu tun.

MAXIMILIAN PROBST

Maximilian Probst arbeitet als Redakteur für die ZEIT. Statt zu gärtnern, würde er lieber gärtnern lassen, um sich derweil Büchern widmen zu können. Weil ihm dazu die Mittel fehlen, muss er gelegentlich selbst zum Buschknieper greifen. Was er widerwillig beginnt, ist ihm am Ende aber oft ein Spaß.

ENDNOTEN

1   *Guillaume de Lorris, »Der Rosenroman«, Erich Schmidt Verlag, Berlin 1987.*

2   *Marie-Luise Gothein, »Geschichte der Gartenkunst«, Diederichs, Jena 1914.*

3   *Jean-Jacques Rousseau, »Abhandlung über den Ursprung und die Grundlagen der Ungleichheit unter den Menschen«, Reclam, Stuttgart 1998.*

4   *Ebd.*

5   *Thomas More, »Utopia«, Reclam, Stuttgart 1964.*

6   *Ebd.*

7   *Platon, »Phaidros«, Phaidon Verlag, Essen o. J.*

8   *Gebrüder Grimm, »Von dem Sommer- und Wintergarten« in: »Kinder- und Hausmärchen der Gebrüder Grimm in der Urfassung«, Emil Vollmer Verlag, Wiesbaden o. J.*